AF347642

Javier Milei,
la esperanza de una Argentina devastada

Marco Lorenzi Boné

EDIQUID

JAVIER MILEI,
LA ESPERANZA DE UNA ARGENTINA DEVASTADA
© Marco Lorenzi Boné

Editado por: Corporación Ígneo, S.A.C.
para su sello editorial Ediquid
José Olaya 169, ofic. 504, Miraflores. Lima, Perú
Primera edición, abril, 2024

ISBN: 978-612-5142-52-8
Impresión bajo demanda

Hecho el Depósito Legal en la Biblioteca Nacional del Perú N° 2024-02140
Se terminó de imprimir en abril del 2024 en:
ALEPH IMPRESIONES SRL
Jr. Risso Nro. 580 Lince, Lima

www.grupoigneo.com
Correo electrónico: contacto@grupoigneo.com
Facebook: Grupo Ígneo | X: @editorialigneo | Instagram: @grupoigneo

Colección: Pensamiento

Contenido

Biografía de los entrevistados

Martín López. Nació en San Martín, provincia de Buenos Aires, Argentina, el 9 de enero de 1976. Hijo de padres uruguayos y segundo de cinco hermanos. Comenzó sus estudios secundarios en 1988. En 1990, luego de estallar la hiperinflación del gobierno de Alfonsín y dado el caos reinante en ese momento, sus padres decidieron volver a su tierra natal en Colonia del Sacramento donde siguió sus estudios. Este hito marcaría un antes y un después, allí comenzaría a despertar su interés por la lectura y, sobre todo, saber por qué a algunos países les va mejor que a otros... Al terminar el secundario, siguió estudiando y se recibió de técnico en administración de empresas en la Universidad del Trabajo del Uruguay. Luego de laborar en algunos lugares, recayó en una importante compañía de *retail* donde comenzó con tareas de cafetería y con el tiempo llegaría a ser gerente, cargo en el que se desempeña hasta la actualidad. Su inquietud por el conocimiento lo llevó a adentrarse en la literatura liberal y, en agosto de 2022, junto a otros entusiastas, fundaron la Asociación de Liberales del Uruguay, una asociación sin fines de lucro que busca difundir las ideas de la libertad.

Fernando Doti. Nació el 10 de marzo de 1980. Es abogado egresado de la Udelar. Autor de tres libros publicados al momento, *El estado: Enemigo Público*, Tomos I y II, y *La Eterna Vigilancia*. Es el presidente de la Asociación de Liberales del Uruguay (ALU). Es columnista del semanario *Rionegrense*, en el espacio radial *La* *eterna vigilancia* en Radio Cuervo y en Radio Litoral de Fray Bentos. En el ejercicio de la abogacía patrocinó el primer caso en la historia del Uruguay en el que un sindicato (SUNCA)[1] fue condenado por el código civil a reparar los daños y perjuicios causados a una cooperativa de viviendas por la ocupación de la obra.

Adolfo Garcé. Nació en Montevideo el 2 de abril de 1965. Es doctor en Ciencia Política por la Universidad de la República. Es profesor titular en el Departamento de Ciencia Política de la Facultad de Ciencias Sociales. Entre 2014 y 2015 presidió la Asociación Uruguaya de Ciencia Política. Tiene varios libros de su autoría, como son *La Democracia a Través del Espejo*, *La Política de la Fe*, *Economistas, Economía y Política*, entre otros.

Alberto Benegas Lynch (h). Nació el 11 de julio de 1940 en Buenos Aires, Argentina. Es doctor en Economía (UCA) y también es doctor en Ciencias de Dirección (UADE). Es miembro de la Academia Nacional de Ciencias Económicas de Argentina y es miembro de la Academia Nacional de Economía de Uruguay. Además, es autor de 30 libros y fue profesor titular por concurso en la Universidad de Buenos Aires, donde enseñó en 5 carreras; ciencias económicas, derecho, ingeniería, sociología y en el Departamento de Historia de la Universidad de Filosofía y Letras. Además, fue profesor titular en el doctorado en economía de la Facultad de Ciencias Económicas de la Universidad Católica Argentina. Sus libros han sido prologados por el premio Nobel en economía Friedrich von Hayek, por el exsecretario del Tesoro del gobierno de Estados Unidos, William E. Simon, por el miembro de la Academia Francesa Jean-François Revel y por el premio Nobel en economía James M. Buchanan. Ha publicado ensayos en revistas académicas y artículos periodísticos en su país y en el exterior.

---

1. Sindicato Único Nacional de la Construcción y Anexos.

Introducción

Comienzo a escribir este libro el día 27 de agosto de 2023, antes de las elecciones nacionales de octubre en Argentina. El motivo por el cual resolví comenzar a escribir es el fenómeno político que sorprendió a toda la Argentina: el candidato más votado de las Elecciones PASO (elecciones primarias, abiertas, simultáneas y obligatorias) celebradas el 13 de agosto de 2023. Se sospechaba y hasta se veía venir que Javier Milei iba a tener un buen desempeño en estas elecciones, pero jamás se creyó que se producirían esos resultados tan abismales. Desde hace mucho tiempo estuve pensando de manera constante en realizar un breve análisis de este personaje, desde su intervención en la política hasta su llegada a ser candidato a presidente por el partido La libertad avanza, el cual él mismo fundó.

Me pareció en lo sumo importante que la gente pudiera estar informada y no se me ocurrió mejor idea que escribir este material basado en entrevistas con personajes como el destacado politólogo uruguayo Adolfo Garcé; el «prócer» de Javier Milei, Alberto Benegas Lynch (h), quien es además considerado el máximo exponente de las ideas de la libertad en Argentina y tiene gran influencia también en países de América Latina. ¿Por qué la idea de entrevistar a un politólogo uruguayo si se trata de un político argentino? La respuesta a esto la estuve pensando de manera constante, pero me pareció muy interesante el tener en cuenta sus ideas y si podrían llegar a tener influencia en decisiones políticas, nuevos personajes y una opinión sobre Javier Milei en nuestro país. ¿Es posible que se apliquen esas ideas en Uruguay? ¿Podrían funcionar? ¿Nuestro sistema político es diferente al argentino? ¿Podría aparecer el Milei uruguayo? Además, me pareció de lo más importante tener una visión del liberalismo en Uruguay, por lo que entrevisté a dos integrantes de la Asociación de Liberales del Uruguay, Fernando Doti y Martín López. A través de dichas entrevistas, se buscará responder a las preguntas planteadas en el texto.

Javier Milei es un fenómeno real. Es una persona que está planteando un cambio muy importante para su país en caso de que llegue a ser presidente. Está abordando debates con respecto a la economía, al estado y a la sociedad en general. De los candidatos ha sido el más polémico, quizás por su carácter ante las cámaras de televisión, su vocabulario cuando nombra a la «casta política» (se hablará de esta cuestión con los entrevistados) y también porque algunas de sus propuestas han sido discutidas en Argentina. A pesar de sus ideas que a muchos les llaman la atención, se lo ve muy seguro de los cambios que busca lograr y con un programa de gobierno avanzado, con propuestas claras de hacia dónde quiere llegar y de qué manera lo haría.

Por eso mismo siento que es una de las elecciones más interesantes e importantes de la historia argentina. Por primera vez, luego de muchos años, se plantea un enorme cambio, un giro muy trascendental para la política. Los invito a continuar leyendo este material; en las hojas que siguen se encontrarán con propuestas, ideas y análisis acerca de lo que está ocurriendo. Me parece en extremo importante que los uruguayos y ciudadanos de otros países sepan cuáles son estas propuestas de fondo porque estoy convencido de que, si Javier Milei llega a la presidencia con estos discursos y los cambios que desea llevar adelante, habrá un vuelco a las ideas liberales de los últimos años. La gente conocerá otro tipo de propuestas, en algunos casos quizás se encuentren con ideas que nunca habían escuchado. Ese es el motivo principal, que la gente esté informada acerca de sus ideas y saber los puntos de vista de los entrevistados.

Capítulo 1
¿Por qué elegí este título?

Antes de pasar a las entrevistas, me pareció en lo sumo importante explicar el porqué del título *Javier Milei, la esperanza de una Argentina devastada* analizaré paso a paso el título de este libro.

¿Por qué «la esperanza»? Porque la gente le dio un respaldo fundamental cuando decidió su voto en el cuarto secreto. No solo que Javier Milei fue el candidato más votado por sí solo, sino que su partido político fue el más votado de las PASO, teniendo en cuenta que los principales partidos (Juntos por el Cambio y Unión por la Patria) presentaron 2 candidatos a una interna para decidir quién iba a ser el representante de cada partido político de cara a las elecciones nacionales de octubre.

Datos finales de las elecciones PASO

Juntos por el Cambio	28,27 %
Patricia Bullrich	16,98 %
Horacio Rodríguez Larreta	11,29 %

La Libertad Avanza	30,04 %
Javier Milei	30,04 %

Unión por la Patria	27,27 %
Sergio Massa	21,4 %
Juan Grabois	5,85 %

La Libertad Avanza	30,04 %
Juntos por el cambio	28,27 %
Unión por la patria	27,27 %

Teniendo en cuenta los datos oficiales de las elecciones PASO, podemos afirmar que en las mismas Javier Milei y su espacio político se transformaron en la principal fuerza opositora al oficialismo. Con los mismos, podemos analizar muchas cosas. ¿Cuáles son las causantes de estos resultados y el fuerte respaldo a la oposición? ¿Quienes votaron a Milei fue por cansancio de los partidos tradicionales o coinciden con su ideología e ideas? Buscaremos responder a estas preguntas que han sido parte del debate político actual.

¿Por qué una Argentina devastada? Argentina está viviendo una de las crisis más duras que ha tenido en su historia. Durante los últimos años, y haciendo referencia a este período de gobierno (2019-2023), han sucedido un sinfín de hechos que me llevan a afirmar que dicha nación está devastada, tomando en cuenta también décadas pasadas y gobiernos en los cuales los resultados no han sido los más alentadores.

Comenzaremos primero por la pandemia del coronavirus, que generó un impacto a nivel mundial, pero nos enfocaremos en el caso argentino. El 20 de marzo de 2020, el presidente Alberto Fernández declaró la cuarentena obligatoria, la cual trajo consigo una serie de consecuencias que pegaron muy fuerte en la sociedad Argentina. Desde que comenzó la pandemia hasta el 15 de julio de 2022, hubo 129 145 fallecidos relacionados con la COVID-19; a lo largo del 2020 cerraron más de 20 000 empresas (según los números de la Administración Federal de Ingresos Públicos, AFIP)[2];

---

2. Administración Federal de Ingresos públicos: Efectúa la recaudación, fiscalización y distribución de los recursos que financian la seguridad social.

también aumentó la inflación y se devaluó de gran manera el peso argentino. Todo esto generó una profunda crisis y múltiples consecuencias en la sociedad argentina. Por lo tanto, me pareció correcto elegir el término «devastada».

Si bien hice un enfoque en el período de gobierno de Alberto Fernández, es importante destacar que Argentina viene por un camino de decadencia desde hace muchos años. Los ciudadanos argentinos en el año 2015 eligieron a Mauricio Macri para ser el presidente de la nación: le ganó las elecciones a Daniel Scioli, quien era el candidato del oficialismo. La población le dio un respaldo a la oposición para terminar con el kirchnerismo, pero no se obtuvieron los resultados esperados y la gente tuvo tal desilusión con el gobierno de Macri que volvieron a depositar su confianza en el kirchnerismo; en este caso, en Alberto Fernández. Por increíble que parezca, los datos mencionados nos indican que este gobierno fue otro fracaso más. Entonces, ¿en quién deposita su confianza la gente? En ese momento en el que la gente se sentía por completo perdida, pues las dos principales fuerzas políticas habían tenido su oportunidad de gobernar y mejorar la situación del país, apareció La libertad avanza con su líder a la cabeza, Javier Milei, y con un discurso que no se escuchaba en los últimos años.

Volviendo a lo mismo, la Argentina está viviendo un momento muy crítico. Quién sea el nuevo presidente tendrá por delante uno de los desafíos más importantes de la historia argentina.

Capítulo 2
¿Qué plantea Javier Milei?

Sin duda, Javier Milei, como ya mencioné antes, se transformó, en las elecciones PASO, en la principal fuerza opositora al oficialismo. Se ha posicionado siempre en contra de la «casta política». ¿A qué se refiere con esto sabiendo que él es diputado? ¿No es parte de la «casta política»? Para comenzar este debate, de si es casta o no, es importante resaltar a qué se refiere con ese término. Javier Milei se considera un *outsider* de la política, con lo cual, para el líder libertario, todos los políticos son lo mismo y lo que buscan conseguir es aumentar sus privilegios personales y enriquecerse. Teniendo en cuenta ese pensamiento, todos los políticos de todos los partidos buscan mantener el *statu quo* y así quieren permanecer si ganara el oficialismo o Juntos por el Cambio. En su discurso, luego de las PASO, el candidato más votado expresó: «Somos la fuerza más votada porque somos la verdadera oposición. Somos los únicos que queremos un verdadero cambio. Porque recuerden: una Argentina distinta es imposible con los mismos de siempre, que han fracasado».

Cuando se refiere a los mismos de siempre, mete dentro de la misma bolsa a todos los partidos y dirigentes políticos, tomando en cuenta también el gobierno de Mauricio Macri (período de 2015-2019), a pesar de mantener con él una buena relación. Teniendo en cuenta las palabras de su discurso y lo que ha planteado de manera sistemática, Javier Milei no parece estar dispuesto a hacer un acuerdo con ningún otro partido político.

Además de todas estas cuestiones, Javier Milei es un personaje diferente, polémico. Me refiero a diferente porque, como mencioné antes, él no es político de pura cepa, él es economista; por lo tanto, no tiene experiencia ocupando cargos públicos sin contar que es diputado desde el 2021. Pero no solo es polémico por el contenido de su programa de gobierno y sus ideas centrales, sino que también tiene una forma de expresarse ante las cámaras que no es «políticamente correcta». Ha tenido muchos cruces con periodistas, de los cuales en algunos casos hubo denuncias penales y demandas de por medio; además de discusiones muy fuertes y subidas de tono en televisión, las que generaron que Milei obtenga críticas y lo traten de «loco».

El candidato presidencial por La Libertad Avanza ha estado con constancia criticando la función del estado, tanto en la economía como en los aspectos sociales de la sociedad Argentina. Una de esas críticas, es la llamada «justicia social».[3] Javier Milei critica a la justicia social en su libro titulado *El camino del Libertario*, pues cree que «es una amenaza a la libertad bajo el ropaje de la justicia social. Cada intento de controlar algunas de las remuneraciones mediante un sistema de impuestos progresivos no solo redistribuye de modo violento lo que el mercado ha repartido, sino que implica un trato desigual ante la ley. Consecuentemente, esto originaría una clase de sociedad que, en todos sus rasgos básicos, sería opuesta a la sociedad libre. No solo la justicia social es injusta, sino que además conduce a un modelo totalitario.»[4]

---

3. Ha sido definida por quiénes la defienden como un trato justo y equitativo para todos los ciudadanos en un territorio determinado. Esto hace referencia, por ejemplo, a la igualdad de acceso a oportunidades y a los derechos humanos. Se llegaría a la justicia social a través de la solidaridad, buscando una repartición justa y equitativa de bienes y servicios básicos necesarios para las personas.

4 Milei, J. (2022). *El camino del Libertario.* (pp.155). Buenos Aires, Argentina: Planeta.

Milei cree que el cobro de impuestos progresivos por parte del estado está atentando contra la propiedad privada de las personas y contra el derecho de gozar del fruto de su trabajo y esfuerzo; no tienen por qué pagar impuestos para que otras personas gocen de bienes y servicios brindados por el estado. Esto no significa el abandono a los más vulnerables, sino, más bien, que quienes están pagando los impuestos progresivos están teniendo un trato diferente al determinado por la ley. Todos los ciudadanos son iguales ante la ley, y en el sentido de los impuestos progresivos, se están castigando más al que tiene más. Porque los impuestos progresivos son nada más ni nada menos que eso mismo, cuando mayor sea el ingreso que obtenga una persona, mayor será el porcentaje que deberá brindarle al Estado a través del pago de impuestos ya mencionado.

Otra de las medidas que generó un gran debate y discusión es cuando afirmó que, en caso de que llegue a la Casa Rosada, se eliminarían algunos ministerios. Hasta el momento, Argentina posee alrededor de 18 ministerios. En caso de que gane el candidato de La Libertad Avanza, se cerrarían ocho ministerios: Mujeres, Género y Diversidad; Cultura, Ambiente y Desarrollo Sostenible; Obras Públicas; Ciencia, Tecnología e Innovación; Trabajo; Educación; Transporte; Salud y Desarrollo Social.

Con esta medida, Javier Milei buscará achicar el estado y los gastos que este conlleva: De esta manera y con los ministerios antes mencionados eliminados, esta sería la estructura de los ministerios: creación del ministerio de Capital Humano y el de Infraestructura; se conservan los ministerios de Economía, Seguridad, Defensa, Relaciones exteriores, Interior y Justicia. El ministerio de Capital Humano absorbería Educación, Desarrollo Social, Salud y Trabajo. El actual diputado de La Libertad Avanza cree que esta reforma del estado llevaría a realizar un ahorro y achicar el gasto público debido a que, desde su perspectiva, muchos de los cargos que se encuentran dentro de los ministerios (como, por ejemplo, secretarías) solo están hechos para ser ocupados por «amigos de la política».

¿Cuál es el argumento de Milei para posicionarse en contra del aborto?

Javier Milei ha tomado como referencia a Alberto Benegas Lynch (h), considerado el máximo exponente de las ideas de la libertad (a quien tuve la suerte de entrevistar para este libro). El prócer (como lo llama Javier Milei) ha realizado una definición sobre liberalismo: «El liberalismo es el respeto irrestricto del proyecto de vida del prójimo, basado en el principio de no agresión y en defensa del derecho a la vida, la libertad, y la propiedad». Más adelante, el propio Benegas Lynch explicará esta definición que tanto se ha divulgado, pero me enfocaré en el derecho a la vida, ya que es el argumento de Javier Milei para posicionarse en contra del aborto.

La Academia Nacional de Medicina en la Argentina establece que la vida comienza desde la concepción, mediante la unión del espermatozoide con el óvulo. Esto quiere decir que el niño por nacer es un ser humano que contiene la totalidad de la información genética, por lo tanto, tiene un ADN diferenciado al de la madre. Con esta definición de la Academia de Medicina, Javier Milei, siendo liberal y que una de sus principales defensas es el derecho a la vida, defiende la vida tanto de la madre como el niño por nacer. Desde sus argumentos, a través del aborto se estaría realizando un infanticidio.

Cabe recordar que esos argumentos son los que utiliza Milei al momento de referirse al aborto y la definición sobre cuando comienza la vida es de la Medicina Argentina.

Otro aspecto que es muy importante destacar es que, si vamos a hablar de Javier Milei y analizar sus ideas, no podemos dejar pasar al estado y qué entendemos por el mismo. La definición más difundida es la de Max Weber, que se encarga de definir al estado no por la función que cumple, sino por su recurso específico que es la coerción. En palabras del propio Weber, «el estado posee con éxito el monopolio de la violencia legítima en un territorio determinado». Esto quiere decir que, si el estado le impone algo a un ciudadano de dicho territorio y este se opone o de plano no lo cumple, el estado ejercerá de manera legal (debido a que posee el monopolio de la fuerza) la violencia, la cual se puede llevar a cabo mediante diferentes métodos, como puede ser la pena de cárcel, incautación de propiedades, multas, entre otros.

Esto define de manera clara lo que es el estado y cuál es una de sus funciones. Por lo tanto, es importante destacar que la manera en que se financia el mismo, la cual es a través del cobro de impuestos a los ciudadanos. Este es un punto en el que Javier Milei se ha detenido a criticar en innumerables oportunidades, por eso es importante saber qué entendemos por impuestos. Para definir a los mismos es crucial analizar el término «impuesto». Esto viene de imponer, es un método forzado que utiliza el estado. Se trata de una obligación económica que tiene el fin de recaudar fondos para mantener los servicios públicos como la salud, la educación, la seguridad, entre otros. Además de financiar estas áreas públicas, a través del cobro de impuestos se pagan los sueldos de todos los empleados públicos, aquellos que trabajan en dichas áreas o mismo los senadores y diputados, presidente y ministros. Como mencionamos antes, el cobro de impuestos es obligado por el estado; en caso de no cumplir con el pago de los mismos, se le aplicará al ciudadano una pena, la cual puede de ir desde multas hasta el embargo de bienes inmuebles.

En el caso argentino, el hoy candidato Javier Milei ha sido muy crítico con el cobro de impuestos por parte del estado. Primero que nada, porque los tres pilares del liberalismo son la vida, la libertad y la propiedad. Así, es verdad que el estado se financia a través del dinero que es el fruto del trabajo de cada ciudadano, el que genera debido a su esfuerzo y dedicación. Ese cobro que se le aplica todos los meses está atacando la propiedad privada de la gente porque se le quita un porcentaje de su salario. Entonces, volviendo a Javier Milei, ha tildado a los impuestos como «robo».

Cabe destacar que Argentina tiene una cantidad muy importante de empleados públicos y, como es en el caso de la política, los senadores, diputados y otros que ocupan diferentes cargos tienen altos salarios, los cuales pagan nada más ni nada menos que la gente. Por eso, el candidato por La libertad avanza se refiere a que en caso de que él gane las elecciones «el ajuste lo va a pagar la política». A esto apunta cuando mencionaba antes el cierre de ministerios para quedarse solo con ocho, lo que generaría de manera automática un ahorro de fondos por parte del estado. Milei ha mantenido su postura acerca de los ministerios. Él se refiere a que busca terminar con los privilegios de la política, como es el caso de aquellos que acomodan familiares, amigos o militantes de su partido político en actividades en los ministerios o en otras de gobierno. Él lo que busca combatir es eso, no meterse con los maestros, los policías, ni con los planes sociales. Es importante hacer esa pequeña diferencia a la cual él ha hecho referencia en más de una oportunidad.

Aquí quiero hacer una pequeña apreciación personal en cuanto a los gastos que realiza el Estado y el cobro de impuestos, haciendo referencia principalmente a los cargos de confianza que se reparten cuando terminan los procesos electorales. Coincido plenamente con el pensamiento de Milei. Esos cargos de confianza que se dan en algunos casos cuando un político gana la elección, se bancan con el dinero de los contribuyentes que se cobran a través de los impuestos. En muchos casos, esos cargos se distribuyen en asesores (a veces cuentan con más de un asesor), secretarías, choferes, entre otros. Con ese criterio todos trabajaríamos en campañas electorales a favor de un candidato u otro, porque lo haríamos con el fin de obtener un cargo público con altos salarios, todos seríamos capaces de formar parte de una campaña electoral. Por supuesto, estoy a favor de algunos cargos públicos, aquellos necesarios y eficientes, que su trabajo es importante para llevar adelante muchas cuestiones.

Sin duda que hay además muchas propuestas del candidato más votado en las elecciones PASO de agosto, como pueden ser la dolarización, váuchers para la educación y salud, entre otras propuestas en su programa de gobierno. Para abordarlas, me pareció una gran idea que Alberto Benegas Lynch (h), al estar cerca de Milei, ser economista y conocer la realidad argentina, nos pudiera explicar con mayor profundidad sus planes. Él podrá darnos un punto de vista más técnico que le permita al lector entender de la mejor manera sus proyectos e ideas. Lo que realicé fue un simple resumen de algunos de los mismos.

Otra propuesta que ha sido muy divulgada por La Libertad Avanza y sobre todo por Javier Milei es la privatización de las empresas públicas. En este caso, presentaremos una columna escrita para el diario *El País* por Benegas Lynch, quien me dio el permiso de publicarlo en este libro. En esta columna, Alberto resume algunas de las críticas que se tienen acerca de las empresas públicas, sus desventajas y, por sobre todo, por qué son mal llamadas «empresas públicas».

Capítulo 3
¿Empresas Estatales?[5]

Lo primero es señalar que la actividad empresarial se basa en la utilización de recursos propios y no coactivamente con el fruto del trabajo ajeno, por eso «empresa estatal» es una contradicción en los términos, se trata de un organismo político. En segundo lugar, es menester apuntar que ese organismo político necesariamente asigna los siempre escasos factores de producción en áreas distintas de las que hubiera elegido la gente si hubiera podido votar en el supermercado y afines con sus compras y abstenciones de comprar, puesto que si hace lo mismo que la gente prefiere no tiene sentido su existencia con los consiguientes ahorros de honorarios. Si además ese organismo fuera deficitario o es monopólico estos son agravantes, pero el problema grave de la mala asignación permanece.

Como hemos consignado tantas veces, el tema es de incentivos: no es lo mismo la forma en que tomamos café y encendemos las luces cuando pagamos las cuentas respecto a cuando forzamos que otros paguen. Estos organismos políticos suelen servir como aguantadero para colocar adictos al poder de turno. No se puede jugar al empresario, no es un simulacro ni un pasatiempo, se trata de un proceso de utilización adecuada de recursos. En un contexto abierto y competitivo el comerciante que atiende a sus semejantes en

---

5   Benegas Lynch (h), A. (21 de octubre de 2023). ¿Empresas Estatales? Diario El País.

sus necesidades es compensando con beneficios y el que erra incurre en quebrantos, no consecuencia de la fuerza sino de acuerdos libres y voluntarios lo cual debe distinguirse de los seudoempresarios que se recuestan en los privilegios que obtienen de los gobernantes del momento, esos son ladrones de guante blanco.

Si el organismo político de marras se dirige a sectores inviables económicamente consume capital y por tanto constituye un atentado contra los salarios e ingresos en términos reales que surgen precisamente debido a las tazas de capitalización. En la medida en que esto se extienda, se extenderán las zonas inviables hasta convertir todo el país en antieconómico.

Son muchas las formas de privatizar estos monstruos que contribuyen decisivamente el hacer más caro el nivel de vida de los gobernados. Una es la venta al mejor postor, otra es convertirlo en sociedad anónima y vender las acciones en el mercado de capitales, otra es entregárselas a los empleados en forma de cooperativa y equivalentes. Si es por su naturaleza inconveniente económicamente debe ser liquidada para frenar la sangría en los ingresos de la población.

Un mercado libre no significa que debe haber varios compitiendo, uno o ninguno, la gente decide en un proceso cambiante según sean los gustos. En todo caso, si es abierto y libre debemos tener en cuenta que la innovación y el emprendimiento consubstancial al progreso implica que primero habrá solo uno en el mercado y si el renglón es atractivo, atraerá a otros.

Hoy día debe estarse alerta de la trampa de que estos organismos políticos camuflados como «empresas estatales» también irrumpen bajo la fachada de empresa privada que reciben cuantiosos subsidios del aparato estatal lo cual la convierte de facto en un organismo político.

En todo el esqueleto conceptual de la tradición de la sociedad libre, el monopolio de la fuerza que denominamos gobierno, es para proteger y garantizar derechos de las personas, una condición que es anterior y superior a la existencia del aparato estatal. Sin embargo, observamos que los gobiernos se arrogan facultades que en esta línea argumental no les corresponde para encarar aventuras políticas que atropella derechos de las personas.

Recuerdo lo que en ciencia política y economía se clasifica como «la tragedia de los comunes», a saber, lo que es de todos no es de nadie. Los incentivos son clave para adentrarse en el drama de las mal llamadas empresas estatales devenidas en pésimos «servicios públicos». Es de gran relevancia recordar lo escrito por el decimonónico Frederic Bastiat en su obra titulada *La Ley*: «Cuando la ley y la moral se encuentran en contradicción, el ciudadano se encuentra en la cruel disyuntiva de perder la noción de la moral o perder el respeto a la ley».

Cierro esta nota periodística subrayando que lo realmente fundamental para contar con un sistema republicano es reducir el gasto público a las funciones específicas al aparato estatal. En esta línea argumental, es clave comprender que esa es la prioridad, ni siquiera es el déficit fiscal, ya que puede concebirse un gobierno sin ese desequilibrio y al mismo tiempo succionar el cien por ciento de los ingresos de la gente, lo cual convierte al país en un enorme campo de trabajos forzados. Cuba hoy no tiene déficit fiscal y tampoco lo tenía Stalin durante varios períodos. Esto no es para subestimar el desorden presupuestario que está vinculado a la inflación, es solo para mostrar prioridades.

En resumen, como queda dicho, los aparatos estatales en una sociedad libre deben circunscribirse principalmente a la seguridad y la Justicia que es habitualmente lo que se descuida.

Capítulo 4
Entrevista a Alberto Benegas Lynch (h)

Nos reunimos con Alberto en dos oportunidades vía Zoom para realizar la entrevista. Fue muy importante contar con la misma, ya que él es considerado el máximo exponente de las ideas de la libertad y considerado «prócer» por Javier Milei. Fue una charla muy enriquecedora, por el hecho de que Alberto explica algunas de las propuestas más relevantes que plantea Javier Milei, lo cual es muy interesante para aquellos lectores que no conocen las mismas de fondo.

MLB: ¿Qué es el liberalismo?

ABL: Yo hice una definición en uno de mis primeros libros, que tengo la enorme satisfacción de que muchos intelectuales la reiteran, incluido Javier Milei, y es que «el liberalismo es el respeto irrestricto a los proyectos de vida de otros». Cuando digo respeto irrestricto a los proyectos de vida de otros no quiere decir para nada que nosotros suscribimos o adherimos al proyecto de vida del vecino —nos puede parecer repugnante—, pero si no hay lesión de derechos en una sociedad libre no se puede recurrir a la fuerza para torcer la vida de uno que es la responsabilidad de cada uno. Agrego que, a mí, la expresión «tolerancia» no es una expresión que me resulte especialmente atractiva porque tiene cierto tufillo inquisitorial que uno está parado en la loma y tolera o perdona los errores de otro. Yo debajo de mi computadora tengo una leyenda grande que es *nullius inverva*, que quiere decir no hay palabras finales, quiere decir que estamos en la punta de la silla, es un proceso evolutivo de prueba y error abierto a refutaciones.

MLB: ¿Qué opinión tiene acerca de Javier Milei?

ABL: Creo que es una persona generosa; es una persona sensible; es una persona muy estudiosa; es una persona que ha podido exponer ideas que, en el nivel político, hacía 80 años que no escuchábamos en Argentina. Creo además que ha tenido la capacidad didáctica para conectarse con la gente de muy diversa condición social y muy diversas profesiones, de características y trabajos.

MLB: ¿Javier Milei es la figura política liberal más influyente en los últimos tiempos?

ABL: Yo creo que sí por las razones que dije anteriormente. Ha corrido la parla de los políticos, ha corrido el eje del debate y ha instalado temas desde el punto de vista moral, institucional, ambiental, de política monetaria y fiscal, de comercio exterior y laboral que, como digo, hace 80 años no escuchábamos. Así que es una bendición tenerlo a Javier Milei que ha mostrado caminos completamente distintos que, en realidad, eran los caminos que habíamos establecido en la Argentina cuando fuimos la admiración y el aplauso del mundo.

MLB: ¿Cuáles son las principales causas de la crisis que está viviendo Argentina hoy en día?

ABL: Lo principal diría yo que es un leviatán o un estado monstruoso que se ocupa de lo que no se tiene que ocupar y deja de ocuparse de lo que tiene que ocuparse, que es seguridad y justicia. Hay impuestos que son una maraña imposible de entender, inflación galopante, regulaciones asfixiantes, legislación laboral que va en contra del trabajo, vinculación en el marco internacional con gobiernos asesinos, cerrazón con el comercio exterior. Básicamente, ese es el eje de lo que está pasando en Argentina, lamentablemente.

MLB: ¿Por qué es necesario el cierre del Banco Central y llevar adelante una dolarización?

ABL: Yo diría que lo primero es importante, lo segundo son uno de los tantos métodos que hay para cerrar el Banco Central. Yo, en *La Nación* de Buenos Aires, puse un resumen de esto en un artículo que se llama «Inflación monetaria: la trampa de la Banca Central», pero para ir a ese punto me parece que es importante señalar que cualquier cosa que haga el banquero central en cualquier sentido, por más de que sean muy competentes y muy honestos, van a poder decidir entre que tasa emitir, en que tasa contraer o dejar igual la base monetaria; y cualquiera de las tres cosas está alterando los precios relativos y los precios son los únicos indicadores que tiene el mercado para operar. Entonces, desfigurarlos o prostituirlos implica consumo de capital y, por lo tanto baja, de salarios e ingresos en términos reales. Si alguien dijera que los banqueros centrales tienen la bola de cristal y van a hacer lo mismo que hace la gente, uno se pregunta para qué diablos se metieron si van a hacer lo mismo que hace la gente ahorrándose honorarios.

Pero hay en este contexto la manía de la falacia *ad populum*, es decir, si nadie lo hace está mal y si todos lo hacen está bien. Toda la idea de la innovación, toda la idea del progreso es hacer algo distinto de lo que se ha hecho hasta el momento. Si hay ese criterio de condenar lo nuevo no hubiésemos salido del garrote y el taparrabo.

MLB: ¿En qué consiste el sistema de váuchers para la salud y la educación?

ABL: Básicamente, es que, en lugar de financiar la oferta, financiar la demanda. Si se financia la oferta se le está dando recursos a instituciones estatales y como nos han enseñado Ronald Coase y Douglass North, lo importante son los incentivos. La forma en la que tomamos café y prendemos las luces es completamente distinta cuando pagamos las cuentas que cuando obligamos a que otros paguen las cuentas. No es que haya mala gente en la educación o en la salud estatal, hay gente muy extraordinaria. Yo mismo he sido profesor titular en cinco carreras en la Universidad de Buenos Aires, fui director del doctorado en la Universidad Nacional de la Plata, estaría escupiendo al cielo si digo que hay mala gente. Pero el tema no es ese, el tema es cómo se administran los activos. Entonces, en lugar de financiar como digo la oferta, financiar la demanda, lo cual quiere decir darle directamente al interesado un váucher o crédito educativo para que aplique, de todas las ofertas existentes, la que considera mejor. Entonces, las buenas van a tener éxito y las malas no lo tendrán, y es una forma mucho más eficiente y efectiva de tratar la cuestión de los activos y los gastos corrientes.

MLB: ¿Coincide con Javier Milei cuando utiliza el término de la «motosierra»? ¿En qué aspectos sería necesario aplicarla?

ABL: Creo que es una figura, una metáfora muy útil y expresiva que quiere decir eliminar gastos públicos innecesarios contraproducentes porque el tema central no es el déficit fiscal (aunque es importante), sino el gasto público. Cuba no tiene déficit fiscal, Stalin durante varios períodos no lo tuvo tampoco. Perfectamente, podemos concebir un país que tenga presupuesto equilibrado y los gobiernos succionan el 100 % de los recursos de la gente, lo cual convierte a ese país en un enorme campo de trabajos forzados. El punto central es eliminar el gasto público. Ha habido una experiencia en Estados Unidos de muchos bien intencionados que llamaron *starve the beast,* que quiere decir hambrear a la bestia, la bestia era el aparato estatal y decidieron cortarle los impuestos.

El gobierno lo que hizo fue endeudarse más y aumentó la inflación, entonces el punto es la motosierra.

MLB: ¿Cuál es su visión acerca de la obra pública y cuáles serían sus propuestas?

ABL: En realidad son las propuestas de Javier Milei que sugiere que tenga un peso muy grande el sector privado a los efectos de evitar corrupción y gastos inútiles. En ese sentido pone el ejemplo del sistema que se ha aplicado en Chile, también hay otros casos como en Suiza y otros lugares dónde de esa manera se disminuye la corrupción y se baja el gasto público.

MLB: ¿Por qué considera que la justicia social es un robo?

ABL: La justicia social tiene solamente dos acepciones. Una de ellas es una redundancia grosera porque la justicia no es mineral, vegetal ni animal, es solo social. Pero el uso común que se le da no es ese, es la antítesis de la justicia que quiere decir según la definición clásica de Ulpiano en Roma «dar a cada uno lo suyo». En lo contrario la justicia social es sacarles a unos lo que les pertenece para darles a otros lo que no les pertenece. El premio Nobel de economía Hayek decía que la palabra social puesto al lado de cualquier sustantivo, lo convierte en su antónimo, derechos sociales, justicia social. Significa lo contrario.

MLB: Usted ha insistido en que Javier Milei busca volver a las ideas alberdianas de las instituciones. ¿A qué se refiere con esas ideas?

ABL: Para eso es necesario leer las ideas de Alberdi, especialmente «sistema económico y rentístico», y también escritos económicos donde señala en primer término que la Argentina, cuando se independizó de España, Alberdi dice que «dejamos de ser colonos de España para ser colonos de nuestros propios gobiernos». Recién cuando se estableció la constitución ideada principalmente por Alberdi y se juró el 1 de mayo de 1953, se pudo establecer institucionalmente un sistema que hizo de la Argentina ser la admiración del mundo. En ese contexto, los salarios e ingresos del peón rural y del obrero de la incipiente industria eran superiores a prácticamente todos los de Europa y competíamos con Estados Unidos. El sistema republicano tiene cinco principios, a) la responsabilidad de los gobernantes ante los gobernados, b) la transparencia de los actos de gobierno, c) la alternancia en el poder, d) la división de poderes y, e) la igualdad ante la ley.

Cuando decimos la igualdad ante la ley, hay que subrayar que está también atado al concepto de justicia de dar a cada uno lo suyo porque no hay igualdad ante la ley para ir todos a un campo de concentración, es igualdad ante la ley en el contexto de dar a cada uno lo suyo. Lo suyo está íntimamente vinculado al concepto de propiedad y ese es uno de los temas muy medulares que ha explicado por ejemplo Ludwig von Mises en la década del veinte que, si dejamos sin efecto la propiedad, no hay precios y por lo tanto no hay cálculo económico, no hay contabilidad, no hay evaluación de proyectos. Como dije muchas veces para ilustrar el ejemplo, no se sabe si conviene hacer los caminos de asfalto o de oro y si alguien dice que hacerlo de oro es un derroche, es porque recordó los precios relativos antes de eliminar la propiedad.

Ahora, sin necesidad de abolir la propiedad, como pretenden los marxistas, en la medida que los aparatos estatales intervengan en la propiedad se va diluyendo la contabilidad, la evaluación de proyectos, como mencionábamos antes, y por lo tanto empobrecimiento; dado que los salarios dependen exclusivamente de tasas de capitalización. Con tasas de capitalización me refiero a maquinarias, herramientas, instalaciones, equipos que hacen el apoyo logístico al trabajo para aumentar su rendimiento. Si eso disminuye la gente es más pobre.

MLB: Usted presentará un libro llamado *Los aparatos estatales nos aplastan*. ¿A qué se refiere con ese título?

ABL: Son una serie de textos en distintas direcciones para mostrar, como dije varias veces, el liberalismo no se corta en tajos, no es solamente un tema económico, sino que es un tema jurídico, institucional, filosófico o moral principalmente y por supuesto también económico. Entonces trato de mostrar en ese libro los distintos avances que se hacen sobre las libertades de las personas y cómo afecta en su nivel de vida. Emilio Ocampo y Manuel Adorni me presentan el libro el 22 de noviembre en la Universidad del CEMA, donde yo también enseño. Al día siguiente voy a ir a la Fundación Libertad en Rosario para hacer la misma presentación de ese mismo libro.

MLB: ¿Qué opinión tiene acerca del comunismo?

ABL: Como dicen Marx y Engels en 1848 en el Manifiesto Comunista «toda mi filosofía se puede resumir en abolir la propiedad», y ya mencioné anteriormente cuales son las consecuencias de esto. Esto ha sido una de las explicaciones, dejando de lado el tema humanitario, de la caída del muro de la vergüenza, habitualmente llamado «Muro de Berlín». No hay forma de asignar recursos por más buena voluntad que se tenga, no se puede asignar recursos donde no hay precios y los precios dependen de la propiedad porque los precios son una expresión de transacciones de derechos de propiedad. Así observamos que, en la medida que se intervenga más la propiedad... Por no decir nada de extremos como es el caso de nuestra región con Venezuela, Nicaragua y Cuba, y en otras regiones como es el caso de Corea del Norte. En estos casos la gente está encarcelada, en realidad, cuando uno habla de Cuba tiene que hablar de la isla cárcel cubana y los movimientos migratorios: la gente no va de Miami a Cuba, sino que es al revés.

MLB: ¿Cuál es su postura acerca del aborto?

ABL: En primer lugar, me parece que se debería llamar homicidio en el seno materno y no aborto porque aborto es algo que iba a ser y no fue, por ejemplo, si se aborta una revolución quiere decir que la misma estaba planeada y no se hizo. En este caso, como ha mostrado la Academia Nacional de Medicina en Argentina, el ser humano irrumpe desde el momento de la concepción. En ese momento tiene la carga genética completa, es un ser humano en acto que está en potencia de muchas cosas, en potencia de tener una serie de atributos, potencia de ser niño, adolescente y adulto. A veces se ha dicho «no seamos exagerados, si se rompe una semilla no se está destrozando el árbol». Lo cual es cierto, pero se está destrozando algo que es del reino vegetal y en el caso del feto se está destrozando algo de la naturaleza humana. Como las niñas y los niños no crecen en los árboles, es el seno materno. A lo mejor en el futuro tecnológicamente se puedan hacer transferencias de útero materno a útero artificial, pero por ahora como eso no es posible. Es cierto que la madre es dueña de su cuerpo, pero no es dueña del cuerpo de otro y, de lo que se trata en este caso, el cuerpo de otra persona. A mí me parece uno de los actos más aberrantes de la llamada civilización moderna este homicidio en el seno materno.

Desde luego que hay actos que son espantosos, no creo que haya otra cosa más espantosa que la violación, pero la violación no justifica otra violación que es matar a otro ser humano. Por supuesto que está la facultad y la posibilidad de dar la criatura en adopción, pero lo que no es factible en una sociedad que se llame civilizada el asesinar a un ser humano.

MLB: Con este tipo de apariciones como la de Javier Milei usted se refirió a que corrió el eje del debate. ¿Usted cree que esto generará un impacto liberal en América Latina?

ABL: Tal vez sea un poco exagerado decir eso, pero creo que Javier Milei no solo ha influido en Argentina, sino que en muchos países de la región. Se ha observado con atención no solo en la región, sino también en países de Europa. Han sido tomados con mucha atención estos temas de fondo. Efectivamente, ha corrido el eje del debate en otros lugares, entonces yo creo que el punto es prestar atención a este cáncer de la Banca Central, a estos problemas gravísimos que implican las empresas estatales que hacen más cara la vida porque, si el combustible es más caro como consecuencia de las empresas estatales que, como digo, siempre los recursos y el origen de la empresa estatal va a estar asignado en áreas distintas que prefiere la gente. Ahora, si además es deficitaria y monopólica, es mucho peor la situación, pero el problema inicial es cuando aparece la empresa estatal. La gente puede elegir entre invertir en A, B, C o D y aparece la empresa estatal que invierte en E, que es distinto a la prioridad de la gente. Esto crea una serie de burocracias, de lugares para amigos que adhieren al partido gobernante y todo esto convierte en un enjambre fenomenal que pagan muy especialmente los que menos tienen.

MLB: ¿Cuáles son las desventajas de los controles de precios? ¿Por qué el salario mínimo genera desempleo?

ABL: En el primer caso que es el control de precios, implica que se va a establecer un precio inferior al precio de mercado. Si es inferior al precio de mercado va a estimular la demanda, al estimular la demanda y tener la misma cantidad de oferta hay escasez o faltante. Y en un segundo momento, no solo que la oferta no se mantiene, sino que se reduce porque los productores marginales; es decir, los que estaban en el margen y ganaban muy poco, ahora que se les bajo el precio, desaparecen del mercado. Eso altera los precios relativos; es decir, se le pone un precio máximo a la leche y resulta que, en realidad, la gente necesita leche; pero parece más atractivo invertir en relojes porque los precios se alteraron debido a esa cuestión.

Respecto al salario mínimo significa que es uno más alto que el salario de mercado. Pongamos un ejemplo muy extremo. Si en Argentina se estableciera un salario mínimo para todo el mundo de 50 000 dólares mensuales, todo el mundo estaría desempleado. Ahora, sin llegar a los 50 000 dólares, si el salario de mercado son 500 dólares y se pone a 700 dólares, la gente cuya productividad está entre 700 y 500 va a estar desempleada. Los que más necesitan trabajar son los primeros que van a estar desempleados. El gerente general, el gerente de administración no se enteran porque el salario mínimo no los toca, pero si ponemos el salario mínimo para ellos que están ganando, por ejemplo, 3 000 dólares y se pone a 4 000 o 5 000 ellos se enteran porque se quedan sin trabajo.

Entonces el asunto no es voluntarismo ni magia, el asunto es ¿cuáles son las tasas de capitalización?, para lo cual se requiere marcos institucionales que fomenten el ahorro interno y atraigan el ahorro externo. Para lo cual, otra vez, una de las cosas centrales es eliminar el cáncer de las empresas estatales que va a hacer lo contrario en ese sentido. En este caso todos sufren, pero los que mayores ingresos tienen sufren menos y los más desamparados son los que más impacto sufre y curiosamente se hacen todas estas cosas en nombre de los pobres y se los está maltratándolos.

MLB: ¿Por qué es importante dar la batalla cultural?

ABL: Yo creo que eso es la clave del asunto, la clave del asunto es la educación. Por supuesto que también hay mala voluntad y mala fe, pero en general no es eso, en general hay muy buena fe, muy buena voluntad. Pero si no se le da la herramienta a la gente, el análisis y el espíritu crítico para poder captar ideas compatibles con la sociedad libre van a estar repitiendo como títeres errores.

Por eso yo en el primer día de clases tengo una especie de latiguillo que le digo a los alumnos «si no resulta claro lo que estoy diciendo interrúmpanme, si no están de acuerdo les pido que me discutan, pero si creen que están de acuerdo y creen que he sido claro, hagan de abogado del diablo», que es un ejercicio muy bueno para producir los debates. En mi experiencia, luego de terminar el semestre o terminar el año, la relación con los alumnos es una relación de amistad porque la verdadera amistad es la comunión de ideas. Curiosamente, eso se establece con más fuerza en los alumnos y las alumnas que han sido inicialmente los más discutidores.

Capítulo 5
Entrevista con Fernando Doti Tori

Esta fue una charla que realizamos en dos oportunidades y fue en verdad enriquecedora. Fernando, a través de anécdotas, pudo explicar sus puntos de vista, por qué está a favor o en contra de ciertas cuestiones y cuáles serían sus deseos y propuestas. También charlamos acerca de qué le produjo el fenómeno Milei y si es viable un personaje de esas características en nuestro país. Siendo el presidente de la ALU, fue muy interesante saber acerca de cuáles son sus principales objetivos y las diferentes actividades que la asociación está llevando adelante.

MLB: ¿Qué te genera el fenómeno Milei?

FD: Mira, a mí me ha generado; en primer lugar cuando todo el fenómeno arrancó —estamos hablando del 2015 quizá cuando tuvo su aparición en los medios—, me generó una especie de sorpresa porque era muy difícil esperar sobre todo en una Argentina estatista, peronista, kirchnerista, que los medios le dieran cabida a un personaje que se decía liberal, lo cual hace unos años era una mala palabra. A la vez, de sorpresa me causó mucha alegría de ver en los medios una persona, más allá de las formas que podían ser opinables en aquel momento, un personaje con mucho contenido académico, mucha praxis económica y, bueno, la alegría de ver a alguien con quien me sentía reflejado en comunión de ideas.

Eso trajo obviamente lo que para mí es el gran mérito de Milei, independientemente de si gana o no las elecciones, eso se verá, pero es la batalla cultural que dio con éxito, porque logró, como dice el profesor Benegas Lynch, correr el eje del debate en la discusión pública en Argentina.

Yo estoy mirando la serie *2001*, todo el proceso de Argentina del 2001, y lo comparas con hoy y decís «en el 2001 decir que uno era liberal y que la política del uno a uno del dólar fue exitosa (porque fue lo que terminó abatiendo a la inflación)», era una mala palabra. López Murphy, quien fue ministro de De La Rúa por pocos días en aquel gobierno, siempre cuenta —mitad en broma, mitad en serio— que cuando sus nietos se portan mal, él, para retarlos y asustarlos, les dice «pórtense bien que voy a llamar a los neoliberales». Entonces, nosotros los liberales decir que lo éramos era una mala palabra.

Si uno mira el término neoliberal, en realidad son mucho más neoliberales los socialistas, los estatistas, la derecha conservadora que el liberal, porque el termino neoliberal como tal fue acuñado en la Alemania nazi por Alexander Rüstow en los años 30. Rüstow que venía —obviamente analizado en el tiempo en un contexto—, salía de la crisis del 29, se había instalado de que la misma había sido producto del fracaso del capitalismo, lo cual es falso. Es decir, la crisis tiene su origen en la reserva federal de Estados Unidos y una expansión irresponsable de la masa monetaria que hizo lo que después es historia conocida. Rüstow se separa un poco de ese liberalismo ortodoxo y empieza a pregonar si bien un sistema de libertad, pero con una idea un tanto intervenida. Entonces, pronunciándose como un social demócrata, pero a eso lo llamó neoliberalismo.[6]

---

6. Definición de neoliberalismo por Rüstow, se alejaba de la idea de una libertad sin restricciones propias del liberalismo clásico y orientar la economía de mercado hacia una economía intervenida y guiada por un estado fuerte.

Pero bueno, creo eso, que a la vez que sorpresa y alegría de la aparición de Milei, el gran reconocimiento que le hago como enamorado de la sociedad abierta, creo que quienes todos abogamos por una sociedad abierta debemos estar tremendamente agradecidos por la faena intelectual que ha realizado este hombre.

MLB: ¿Cuál fue tu reacción al ver su desempeño en las elecciones PASO?

FD: Devuelta, muy contento, a la vez que me sorprendió, nunca pensé que fuera a conseguir ese resultado tan bueno. Esto lo definió el profesor Benegas Lynch y yo coincido: Javier Milei es como la segunda revolución liberal de la Argentina, después de Alberdi que sentó las bases para que Argentina fuera una potencia mundial a fines del siglo XIX. Este resultado de Milei es ver consagrar de alguna manera la batalla cultural en las urnas y esto es muy importante porque esto como decía Hayek, «los políticos no son agentes de cambio, son termómetros sociales de un determinado momento».

Es decir, los políticos, en realidad, son como corchos en el agua y el agua es la opinión pública. Entonces, el político como necesita seducir y ser funcional a lo que demandan sus votantes, en tanto corcho, va a ir hacia donde lo lleven las corrientes de agua. Si la gente demanda estado de bienestar, estado presente, «cosas gratis» (que son carísimas después), el político va a seguir prometiendo eso. Entonces, nosotros cada cinco años desde hace décadas, asistimos a esta competencia para ver quien ofrece más cosas gratis. La verdadera batalla no está en el plano electoral, es cultural. Si no hay corrimiento del eje del debate, no van a cambiar los cursos de agua para que los corchos puedan ir a ese lugar y hacer cosas distintas. Lo electoral es posterior, necesariamente posterior. Si, en el caso de Milei, hubiera decidido meterse en política sin haber dado la batalla cultural que dio antes, seguramente haya fracasado.

Te voy a contar una anécdota. Antony Fisher fue un combatiente de la Fuerza Aérea británica en la Segunda Guerra Mundial. En post de la guerra se dedicó a la producción avícola, fue a un tipo al cual le fue muy bien. En esa época, en Inglaterra gobernaba el primer ministro Clement Attlee y estaba viviendo un proceso de nacionalizaciones, estatizaciones, lo cual hizo temer a Fisher de que Inglaterra transitara un camino similar al de la Unión Soviética. Fisher había leído el libro de Hayek llamado «Camino de Servidumbre» de 1943, entonces lo contacta a Hayek, que daba clases en Inglaterra, y le dice palabras más palabras menos, «mire profesor, está pasando esto, estoy viviendo esto, estoy preocupado, quiero hacer algo, me quiero meter en política, quiero dar una mano, no quiero que seamos como la Unión Soviética».

Y la respuesta de Hayek que era tan sabio, le dijo «mire, si usted quiere cambiar de verdad y quiere que su país no recorra el derrotero del socialismo, no se meta en política, de la batalla en el mundo de las ideas que son el motor del mundo». Así fue que Fisher junto con otra gente, fundó en el año 1953 *Institute of Economic Affairs*. En ese instituto, luego estuvo también Margaret Thatcher, quien fue primera ministra de Inglaterra desde el año 79 y lo fue por una década aproximadamente. Margaret Thatcher pudo hacer las reformas que hizo, promercado, que sacaron a Inglaterra de la locura que vivía con déficit fiscal, gasto público muy elevado, estancamiento de la economía, un desastre. Precisamente, porque antes hubo un trabajo intelectual de fondo que permitió sembrar las ideas para que después Thatcher las recogiera.

Por eso es que en esto hay que estar convencidos de dar la batalla cultural, estar convencidos de sembrar en el desierto y estar dispuestos a que las cosechas las recojan otros. Por eso es que acá, en Uruguay, estamos lejos de ese proceso de Argentina, ahora estamos en época de siembra. Por eso instrumentos como la publicación de libros —yo he publicado algunos libros y voy a publicar uno ahora en noviembre—, la creación de la Asociación de Liberales del Uruguay que tengo el honor de presidir. Precisamente, va en ese sentido, dar la batalla y en el metro cuadrado de cada uno. No todos pueden escribir un libro, pero es esto, generar estos estos espacios para que cada individuo en su metro cuadrado dé la batalla y no ceda ante los avances de las botas.

MLB: Justo te iba a preguntar sobre la batalla cultural, ya que muchos liberales hablan sobre la batalla cultural. ¿Qué es la batalla cultural y por qué es tan necesaria?

FD: Es necesaria por el ejemplo que te mencionaba de Fisher, porque los políticos no son agentes de cambio, los cambios siempre vienen desde abajo. Hay que generar cambios en la demanda, en la conciencia social para que después esos cambios se puedan ejecutar por los políticos de turno. Como decía antes, el político siempre se va a correr hacia donde la gente quiere, son oportunistas. El político que realmente se decida a hacer lo que piensa, pero va en contra de las demandas de la gente, está condenado como político. Si uno tiene un auditorio hispanoparlante y se le pone a hablar en chino mandarín, está en el horno. Esto es lo mismo.

Precisamente, es importante la batalla cultural porque sin ella no hay triunfo electoral y, si no hay triunfo electoral, no hay reformas institucionales. No hay cambios en los marcos institucionales que son la clave de la prosperidad de las naciones. Es una falacia esto de que existen los países ricos y los países pobres. Con ese argumento, Argentina hoy tendría que ser un país rico. Venezuela tendría que ser rico porque tiene petróleo. Japón, por el contrario, tendría que estar sumido en la miseria porque es un casco de piedra duro, improductivo y, sin embargo, unos son potencia mundial y los otros viven en la igualdad, en la miseria, pero igualdad al fin, que es lo que quieren los socialistas y estatistas, que aman tanto a los pobres que se dedican a multiplicarlos constantemente. En eso sí son efectivos. Hay una frase que decía Winston Churchill que decía «a los socialistas les pones a cargo el desierto del Sahara y te lo dejan sin arena en poco tiempo».

Pero bueno, de ahí la importancia de la batalla cultural. Yo vivo en Fray Bentos en el balneario Las Cañas y vivo cerca de una zona de picnic. Ahí había unos argentinos comiendo un asado. La mayoría eran votantes de Milei y había uno que era votante de Juntos por el Cambio. No había peronistas ahí (aunque en Juntos por el Cambio hay algunos). Entonces, yo pensaba, que fabuloso el trabajo que ha hecho Milei, porque estos hombres discutían, pero con otro nivel de discusión. Es decir, a esto voy con correr el eje del debate, la discusión era Banco Central sí o Banco Central no, la importancia de no tener déficit fiscal. Y el muchacho que hacia el asado que era votante de Milei les decía «bueno fíjate, si en tu casa ganas 10 y gastas 20, a la larga vas a tener problemas. No podés estar gastando el mínimo de la tarjeta todos los meses porque en un momento revienta». Entonces, yo pensaba, eso es la batalla cultural; que, en un asado, tres conocidos en otro país además, estén discutiendo estas cosas. Estas cosas solo se pueden instalar si hay trabajo cultural previo.

MLB: Viste que cuando Milei ganó las elecciones PASO, se dijo mucho que se debía al voto bronca y al descontento que tenía la población con el gobierno. Mismo el candidato por el oficialismo, Sergio Massa, se mantiene con el discurso de «no vayas enojado a las urnas, anda con esperanza». ¿Vos crees que fue el voto bronca en sí o sino que la gente se está afianzando a sus ideas?

FD: Hay de todo un poco. Sin batalla cultural, sin corrimiento del eje del debate no habría estas discusiones que hay hoy en día, como la que te comentaba anteriormente del asado. O sea, hay gente que va convencida, hay gente que empezó a escuchar por primera vez a Mises, a Rothbard, a Hayek, a Friedman. Esto se empezó a escuchar gracias a lo que instaló Javier Milei. De modo que es un combo. Es de todo. Obviamente, este fenómeno Milei fue posible en virtud de la crisis tremenda que hay en Argentina. En épocas de bonanza, hubiese sido mucho más difícil. Yo no lo atribuiría 100 % al voto bronca porque sería incluso caer, como hace Massa y todo lo que él representa, en esa fatal arrogancia de decir «nosotros somos quienes tenemos la verdad y todos ustedes están votando por enojo». No lo descarto al voto bronca, obviamente, pero no es la única explicación.

MLB: ¿Con qué idea de Milei te sentís más identificado? Si bien compartís mucho y en la mayoría de sus pensamientos, quizás alguna puntual que se te ocurra, o que te gustaría instalar en Uruguay.

FD: Básicamente, con Milei tengo una coincidencia muy grande, algunos temas puntuales pueden haber, algún matiz que pueda tener alguna diferencia; pero yo te diría que para mí hay dos temas que me han gustado mucho, me sentí muy identificado y, sobre todo, creo que la claridad conceptual con la que logró exponer, creo que ha sido muy importante.

Uno es la eliminación del Banco Central, un tema que era impensable. De hecho, en Uruguay plantearlo hoy también es impensable. Yo, en algunas de las instancias que he tenido, a veces planteo el tema, pero parece que están viendo al diablo. Pero, bueno, ahí está la madre del problema de la inflación, una explicación que también la ha dado mucho Benegas Lynch, quien ya la planteó en su libro *Fundamento de análisis económico* en la década del 70, libro que esta prologado por Hayek nada menos. Pero es como dice Benegas Lynch, el Banco Central puede operar en tres direcciones posibles: a que tasa expandir, a que tasa contraer o dejar igual la masa monetaria. Cualquiera de las tres hipótesis va a estar alterando el sistema de precios. Por lo cual, va a generar destrucción de capital, pérdida de empleo, un desastre porque se distorsiona toda la economía.

Y eso va de la mano con el segundo punto que es clave en la labor de Milei, que es hacer entender al común de la gente el sistema de precios, absolutamente clave para entender el funcionamiento de la economía. El sistema de precios que opera como un gran tablero de señales, en donde el soberano de la economía (la gente), que es lo mismo que decir el mercado —porque el mercado no son cinco hombres de saco y corbata pensando cómo le van a complicar la vida a la gente, eso es el estado, el mercado somos todos nosotros—, cada uno de nosotros que, con nuestras preferencias y abstenciones, permanentemente estamos mandando señales al sistema de precios. Hoy elijo comprar en la verdulería de la esquina y no en la otra cuadra, estoy premiando a uno y castigando al otro. Eso arroja señales que van a reflejar las preferencias de la gente y hacia ahí se van a redireccionar los siempre escasos recursos, puesto que los recursos son finitos y las necesidades ilimitadas. Es necesario, primero, la asignación de los derechos de propiedad para que, eficientemente, esos recursos finitos puedan satisfacer de la mejor manera esas necesidades que son ilimitadas.

Creo que esos son los dos grandes ejes, que además van de la mano —están interrelacionados—, con los cuales te diría que son con los que más me he sentido identificado.

MLB: Por todo lo que me decís, tenés la esperanza de que haya un personaje como Milei en Uruguay.

FD: Un personaje como Milei en Uruguay, yo creo que no tendría el éxito que está teniendo en Argentina. Los uruguayos somos distintos, no somos tan enardecidos. Desde mi punto de vista tenemos un nivel de fanatismo que es tristísimo, la política se mide en términos de Peñarol-Nacional, es un asco eso. No hay margen para el libre pensamiento y pensamiento crítico. Yo siempre digo que todos estos hinchas fanáticos de los políticos en realidad más que ciudadanos tienen alma de súbditos porque no tienen la capacidad de cuestionar lo que hacen tipos que en realidad son sus mandatarios. En definitiva, de esto se trata la batalla cultural, no ganamos nada con quejarnos. Hay que actuar para conseguir resultados distintos. Pero, como decía, es muy difícil que aparezca un personaje como Javier Milei en Uruguay.

Ahora, la esperanza obviamente la tengo, de que algún día, no sé si una persona, sino un movimiento que aparezca en Uruguay. Es muy difícil, acá en Uruguay el batllismo ha hecho mucho daño, el batllismo y la izquierda, y están muy arraigados en la conciencia de la gente. Además, tenemos un problema, que es el problema de la educación curricular, en donde la currícula estatal adoctrina en la religión oficial del estado. Porque es mentira que el estado uruguayo no tiene religión oficial, como dice el artículo 5 de la constitución de la república, acá existe una religión oficial que es la del estado, entonces no mira los textos de estudio. Yo escribí algo sobre esto, he mirado textos de estudio de mis hijas también y uno se agarra los pocos pelos que le quedan. Es patético lo que uno tiene que leer ahí, entonces, es muy difícil el cambio, sumando que somos más timoratos que los argentinos.

La esperanza la tengo, sino no estaría abocado a la batalla cultural como lo estoy. Pero sé que es difícil y, si me das a elegir, antes que un personaje, a mí me gustaría que las ideas copen los distintos ámbitos de actuación en Uruguay y que lleguen por decantación. Después, quien sea el abanderado para llevarlas a cabo, la verdad me tiene sin cuidado. Es más, si es alguien de algún partido político tradicional que alce estas banderas producto de que se corrió el eje del debate y la gente pide cosas distintas, vamo' arriba, no importa. A mí me gustaría que tengamos un sistema político como el de Suiza, que nadie sepa quién es el presidente, porque acá depositamos la confianza en seres mesiánicos como si tal o cual persona nos va a cambiar la vida. La vida va a cambiar por nosotros mismos y en la medida que tengamos los marcos institucionales para que le limiten el poder a esa gente. «El gobierno no es la solución», decía Ronald Reagan, «el gobierno es el problema». Por eso es necesario limitar el poder de los gobernantes. De hecho, el liberalismo es eso, la filosofía de la limitación del poder. Así nació, en la revolución de las colonias en Boston. Ese sería mi deseo.

MLB: ¿Sentís que esos cambios que vos deseas en el país pueden ser llevados a cabo por los partidos tradicionales o es necesario un movimiento liberal?

FD: En esta coyuntura, definitivamente no. Los partidos tradicionales son parte del problema. Y te doy un ejemplo, Marco, ni Jorge Batlle, nada menos que Jorge Batlle, pudo dar esta batalla dentro de su partido. Está completamente copado por intereses, no son agentes de cambio los partidos políticos. Hay quienes sostienen (respeto mucho su opinión, pero no la comparto) de que la verdadera batalla es que «los liberales deben copar los partidos políticos y desde ellos dar la batalla». Uruguay tiene un sistema de partidos muy fuerte, mucho más sólido que el de Argentina. Desde los partidos dar la batalla no la veo. El tiempo dirá si estoy equivocado o no, pero no lo creo así. Yo aspiro que los pocos liberales que se encuentran militando dentro de los partidos tradicionales, puedan unirse y hacer un frente común. Como el eslogan de la bandera de Franklin, «*join or die*» (unámonos o morimos). Si no nos unimos, estamos en el horno.

MLB: Siguiendo la línea de Milei, ¿cuáles propuestas serían necesarias para Uruguay?

FD: La verdad que hay varias. Yo creo que acá en Uruguay tenemos un problema estructural que es el gasto público. Acá necesitamos la motosierra, pero es mala palabra. Y esa es la madre de los problemas, como tenemos gasto público elevado, tenemos un déficit fiscal elevadísimo, lo que implica que nos tengamos que financiar con deuda. Y esa deuda pública obviamente no es plata que cae del cielo, alguien lo paga, nada es gratis. Entonces, eso se paga con impuestos, emisión, pero la cuentita pasa para la gente. Yo creo que hay que atacar eso como primera medida. Obviamente, eso le va a implicar al político que lo haga una especie de tirarse un tiro en el pie, de dejar a muchos compañeros y correligionarios en la calle. Es decir, los premios consuelo de la política que son los cargos públicos se terminan.

Te pongo ejemplos en los cuales uno puede achicar el gasto sin afectar «la cuestión social», y sin que esto tenga un impacto muy grande. Por ejemplo ¿Es necesario que tengamos un Inumet hoy en Uruguay? Inumet que, además, tiene un departamento de género, como si el clima dependiera de lo que tenemos entre las piernas. ¿Qué van a prevenir? ¿Se justifica seguir teniendo el correo uruguayo? ¿Se justifica una televisión estatal a esta altura de los acontecimientos? Lo otro, embajadas. Hay margen para liberar recursos en cantidades. Las embajadas se justificaban en la época de las carretas hace 100 años. Hoy en día, en la era de las telecomunicaciones, no son necesarias, aparte con palacios con altos presupuestos. Bastaría en algún punto estratégico de Europa, por ejemplo, algún consulado con una piecita, dos funcionarios y más nada. Los millones de dólares que se pierden ahí... Es extraordinario.

Te voy a contar una anécdota que me la contó Graciela Rompani, la viuda de Pacheco Areco, que me permitió contarla. Un día estábamos conversando y me comentó que su papá fue ministro o embajador del presidente Batlle Berres en la década del 50. Entonces, un día, el padre de Graciela agarra un globo terráqueo y le empieza a dar vueltas y mostrarle a Batlle Berres que había muchas embajadas que eran innecesarias, que no se justificaban. Que había mucho gasto y que se podía ahorrar suprimiendo y poniendo esto que te comentaba, representaciones en puntos estratégicos. Dice que Batlle Berres lo miró y le dijo «usted tiene razón, pero si yo hago eso que usted propone, a mí me cuelgan en la plaza la semana que viene».

Hay margen para liberar. En este sentido, Benegas Lynch ha propuesto incluso también que los legisladores trabajen *part-time* y que salgan a embarrarse en el mercado como hacen todos para que vean lo que cuesta ganarse un peso, lo que cuestan los impuestos y lo difícil que se hace trabajar en blanco en este país. Y esa es otra de las cosas que son necesarias, acá en Uruguay nos debemos una nueva reforma laboral. Mi próximo libro se llama *Chau, consejos de salarios*. Es una propuesta para eliminar los salarios mínimos y los consejos de salarios que son un gran obstáculo a la generación de empleo.

Ahora, son fabricantes de miseria los consejos de salarios, pero, además, afecta y perjudica de gran manera a los menos preparados, a los menos calificados, porque el salario es una función de la productividad y, aquellos que no califican, el propio sistema de salarios mínimos, que es una fijación de precios y, por lo tanto, siempre genera escasez (ya sea por precios máximos o precios mínimos), los patea y deja a los menos preparados en situación de desamparo. El instrumento de proteger a quien busca hacerlo termina perjudicando y dañando. En fin, hay mucho margen para mucho más pero es posible bajar el gasto, sacarle esa mochila pesada que cargan los emprendedores en nuestro país, pero hay que tener voluntad de hacerlo y eso implica sacrificar muchos privilegios para muchos.

MLB: Fernando, vos sos el presidente de la Asociación de Liberales del Uruguay (ALU). ¿Cuál es tu principal objetivo?

FD: La ALU surge en una reunión en un café que tuvimos sobre la costanera en Colonia con Alberto Benegas Lynch y con su hijo Bertie. Fuimos cinco liberales, que la mayoría de ellos que están en la conformación del partido libertario del Uruguay y me invitaron a mí. Yo no estoy haciendo política partidaria activa, pero como tengo vínculo con ellos y, en algunos casos, una linda amistad me llamaron y fuimos a Colonia. En ese contexto, café mediante, se les hicieron algunos planteos, inquietudes, sugerencias. Fue una conversación de un par de horas, la verdad que fue muy amena, muy enriquecedora, fue una experiencia muy linda. Ahí fue que lo conocí personalmente a Benegas Lynch, mayo del 2022, si la memoria no me falla.

Y, bueno, el profesor ahí lo que nos dice es «les deseo mucha suerte con el partido», pero hizo hincapié en que, además de la existencia de un partido, es necesario crear un fin *Think Thank*, aquello que yo te comentaba acerca de Anthony Fisher y Hayek. Se trataba de trabajar en el ámbito cultural, dar la batalla cultural, generar espacios académicos de debates, de discusión de ideas, clubes de lectura. Y nuclear todo eso a través de una institución que tenga por objeto ese cometido. Así surgió la ALU.

A la salida de esa reunión, empezamos a intercambiar ideas, conversaciones y surgió la idea de conformar una asociación civil. La ALU es una asociación civil que está constituida con personas jurídicas, tiene su comisión directiva, sus libros, libros de socios y asambleas. La asamblea constitutiva se llevó a cabo el 6 de agosto de 2022. Nos reunimos en la casa de Federico Leicht, quien gentilmente nos ofreció su casa para poder reunirnos todos ahí. Desde entonces a la fecha, hemos tratado, con las limitaciones de recursos económicos que obviamente tenemos porque estamos todavía en pleno periodo de formación, realizar algunas actividades. Hemos realizado actividades.

El 8 de octubre de 2022 realizamos un lanzamiento formal de la asociación en Colonia, en el hotel Radisson, en donde estuvo como expositor Benegas Lynch, quien fue reconocido ese día como miembro de honor de la ALU. Un eterno agradecimiento al profesor porque nos ha dado un apoyo constante y ha sido una guía para todos nosotros. Después hemos tratado, cuando hay una fecha relevante de alguna personalidad liberal, destacarla a través de las redes. Creamos nuestra página web, en donde estamos subiendo contenidos liberales de distintos liberales que publican sus contenidos en diferentes medios de prensa. En ocasión de conmemorarse el 300 aniversario del natalicio de Adam Smith realizamos un vivo de Instagram entre tres afiliados, donde generamos contenidos.

En ocasión de conmemorarse 50 aniversario del fallecimiento de Ludwig von Mises, realizamos una jornada académica que fue muy exitosa en el Ateneo de Montevideo, que estuvo lleno. Allí expuso el profesor Alberto Benegas Lynch y expuso una suerte de introducción el economista Jorge Borlandelli, quien es miembro de la ALU, quien es una persona muy valiosa que tenemos dentro de la asociación.

Entonces, bueno, estamos abocados a la batalla cultural, acá no importa si hay liberales del Partido Nacional, del Partido Colorado, del Partido Libertario, liberales independientes que no tienen militancia en política. Es un espacio que nos debe unir a todos, ya habrá tiempo para generar esas discusiones que yo digo que se parecen mucho a la de los comunistas y socialistas de la década del 60. Acá hay un punto en común que es la defensa de la libertad y la lucha contra el estatismo y avasallamiento de las libertades individuales. Eso es lo que nos une, para eso está la ALU, para hacer foco y poner orden en el caos y ser el centro de la unión. Después que cada uno milite en su partido político, lo importante es difundir la idea. Si me preguntas a mí, me gustaría que los liberales se unieran todos para participar en política, sería lo ideal. Lo que importa es cambiar el curso de las corrientes de demanda de la población, para que el día de mañana dejen de pedir cosas gratis y se apunte más al respeto reciproco.

MLB: Milei ha puesto sobre la mesa propuestas que son vistas con malos ojos, capaz va por el lado de lo que hablábamos, que había muchas ideas que cambiaron el eje del debate, que no se hablaban y hoy en día parecen polémicas. ¿Por qué crees que son mal vistas esas ideas?

FD: Porque vienen a patear el *statu quo*, esa es la explicación. Sacuden una hegemonía del discurso y el relato de lo políticamente correcto, de la creencia de la mal llamada agenda de derechos que, en realidad, son seudoderechos porque en realidad para que se puedan ejecutar o efectivizar necesitan lesionar el derecho de otro. Esa falsa idea de que se puede eliminar la pobreza por decreto. Yo ponía un ejemplo en uno de mis libros, que en el periodo de Correa en Ecuador, en el año 2008, hubo un intento de reforma constitucional y hubo una diputada del sector del presidente Correa que propuso en la misma reforma, consagrar el derecho al orgasmo femenino. Una estupidez mayúscula que, además, imagínate como seria para efectivizar ese derecho y obligarlo a que se cumpla, porque cuando existe un derecho tiene que haber la correlativa de respetarlo. Un disparate.

Entonces toda esa locura en la que vivimos, aparece Milei y patea el tablero, aparece como lo nuevo y lo radicalmente opuesto, el plantea un giro de 180 grados. Por eso es que ha tenido esa crítica desproporcionada, porque ya no es solamente atacar la idea sino ya lo han atacado en el plano personal, lo cual, más allá de las barbaridades que le han dicho, yo creo que habla peor de quién dice eso, de a quién se lo atribuye. Me parece que ahí está la explicación. Y, después, como decía Stuart Mill, «todas las grandes ideas pasan por tres etapas necesariamente. Primero, la ridiculización; segundo, la discusión y, finalmente, la adopción». Milei ha logrado instalar y empezar a recorrer con éxito estas tres etapas. Ojalá después se terminen adoptado, pero ya está claramente en la fase dos. Después lo tratan de loco, pero la diferencia entre un loco y un genio es el éxito, nada más.

MLB: ¿Cuáles son tus principales críticas al estado uruguayo?

FD: Primero, hay que definir qué es el estado, porque existe esa falsa idea de que «el estado somos todos» y que, por el contrario, el mercado son cinco tipos de traje y corbata viendo cómo nos van a joder la vida. Cuando es precisamente al revés, el estado no somos todos. El estado es un conjunto de burócratas, de políticos que son quienes toman decisiones a través del uso del monopolio de la fuerza, que es lo que llamamos gobierno. Así lo definió Max Weber, uno de los máximos sociólogos del siglo pasado. El estado es una comunidad humana, son personas de carne y hueso, no una deidad que anda flotando cual ángeles celestiales que piensan que es lo mejor para cada uno de nosotros, más que nosotros mismos. Son tipos que le erran, le pifian más de lo que aciertan y a las pruebas me remito. Eso es el estado. El mercado, por el contrario, si somos todos, donde cada uno con sus preferencias y abstenciones está permanentemente mandando señales e información al sistema de precios, que es lo que permite la mejor reasignación de los recursos.

Hecha esta precisión, que me parece que es necesaria, las críticas al estado creo que se podría definir en esta frase: «Al estado no hay que pedirle que nos dé una mano, que nos saque las dos de encima». Uno también lo va viendo a partir del ejercicio profesional también, hablando con comerciantes, con gente a pie. Acá no hay incentivos para emprender, es una máquina de impedir que funciona a la perfección. Vos acá tenés un pequeño tallercito de lo que sea o abrís un carrito de comida y te querés registrar en el BPS y es una locura, ni te digo si tenés un empleado. Hay un sistema jurídico, una industria del juicio armada para que, al cabo de unos años, te puedas quedar sin nada, en la quiebra, perder todo lo que tenías y encima endeudarte. Prácticamente, una muerte civil en los hechos. Es una máquina de impedir llena de regulaciones, prohibiciones y limitaciones que no hacen más que entorpecerle y perjudicarle la vida a la gente.

Hay margen para achicar el costo del estado sin afectar la denominada cuestión social, el tema es que no hay voluntad para realizarlo porque el estado es el negocio de los políticos. Cuando el estado es más grande, más posibilidades hay de repartir cargos, de poner a familiares a ocupar los mismos, entonces aparecen esos premios cargos consuelos para unos tipos que son unos cuatros de copas que lo único que hicieron fue trabajar en las campañas electorales y terminan acomodados en organismos estatales, los cuales no sirven para nada y nos sacan mucha plata. Contribuye al déficit fiscal que tenemos. Aun cuando las mal llamadas empresas públicas obtengan ganancias, en realidad siempre van a ser ineficientes porque no es lo mismo la forma que nosotros cuidamos el agua o la luz de nuestra casa que lo tenemos que pagar nosotros, que si lo hiciéramos cuando las cuentas las paga otro. No hay incentivos a la eficiencia.

Y decía mal llamadas empresas públicas porque en realidad técnicamente no son empresas. La empresa es un emprendimiento, como lo dice la palabra, en donde quien emprende arriesga de su propio capital. Las mal llamadas empresas públicas no son empresas porque no están arriesgando su propio capital, están arriesgando plata extraída coactivamente a la gente, en donde no tienen ningún estímulo a la eficiencia. Encima, ni siquiera alcanza con que compitan (sería algo saludable en esta locura estatista en la que vivimos) porque aun compitiendo siempre se van a valer de resortes políticos, de privilegios que la van a colocar en una situación de ventaja frente al otro competidor. De modo que no deberían existir las empresas públicas, habría que privatizar todo y nos cambiaria la vida a todos.

El tema es que tenemos el antecedente del referéndum del 92 que dejó en evidencia que la mentalidad del uruguayo medio es estatista; ya no es solo un problema de políticos, sino que el común de la gente también es funcional a esto. Es terrible porque, a veces, dicen «me da cosas gratis», pero lo que obtuve por un lado, lo perdí por otro lado. Esta no es una ecuación ganar-ganar, es perder-perder.

MLB: ¿Qué consejos les dejarías a los más jóvenes que de a poco se van metiendo en las ideas liberales?

FD: Más que un consejo es una sugerencia. Acá hay dos cosas. Lamentablemente, en estos países como el nuestro, Argentina ni que hablar, a veces queda la sensación de que la última salida es el aeropuerto. Yo esto lo publiqué en mi segundo libro, estadísticas de uruguayos que han emigrado en los últimos cincuenta años, son —números más números menos— medio millón de uruguayos que han emigrado. En el año 2018, hubo una encuesta que recogió el diario *El Observador* si mal no recuerdo, en donde hablaba que la mayoría de los uruguayos visualizaban un mejor futuro en el extranjero. Eso es terrible. Sin prejuicio del que lo quiera hacer está en toda la libertad de hacerlo, yo como sugerencia digo que, para evitar esto, es necesario dar la batalla en el metro cuadrado de cada uno, como te comentaba anteriormente.

A quien esté interesado en estas ideas lo único que les puedo pedir es estudien, busquen la otra biblioteca, no se queden solamente con lo que le dieron en el liceo, en la facultad, con lo que escuchan en la radio, en la tele. Son todos funcionales, tanto la mayoría de los medios de prensa como la currícula oficial que es educación estatal. Indaguen, lean, fórmense de manera tal que puedan desplazar al socialismo, comunismo y colectivismo. Hayek decía que «si los socialistas supieran de economía, no serían socialistas». A partir del estudio, e indagar la otra biblioteca, dar la batalla en el metro cuadrado de cada uno, no es necesario que todos tengan que publicar libros, que todos tengan que militar en política. Y sobre todo, no caer en la tentación del agravio. Digo esto porque a Milei lo han tratado de loco, irrespetuoso, pero como dice la frase «los verdaderos fascistas, son los que se dicen ser antifascistas» y hay algo de eso. Uno no puede entrar en esa prédica porque cuando uno va a pelearse con un chancho en el chiquero, uno se va a ensuciar y el chancho va a estar en su hábitat, va a seguir estando cómodo. Entonces, nuestra discusión tiene que ser en el plano intelectual. Ahí sí, cuando estemos formados, dar la batalla y destruir al adversario intelectualmente a base de argumentos.

Capítulo 6
Impacto de los resultados, análisis y el posible modelo de Milei en nuestro país. Entrevista a Adolfo Garcé

Aquí se presenta el resultado de una charla de alrededor de 40 minutos en la Facultad de Ciencias Sociales, Udelar[7], ubicada en Montevideo, Uruguay. Con esta entrevista se buscó tener una mirada más amplia del fenómeno Milei y cuál sería el impacto de sus ideas, pero también buscamos estudiar a este actor político desde el punto de vista de nuestro país, cómo serían las relaciones entre Uruguay y Argentina si gana el candidato más votado de las PASO y si es posible aplicar sus ideas al sistema político uruguayo. Cabe destacar que esta entrevista se realizó el día 4 de septiembre del 2023, anterior a las elecciones nacionales de octubre.

MLB: Últimamente, ha surgido la figura de Milei en la política, principalmente en Argentina. ¿Cómo viste las elecciones PASO?

AG: Opino con muchísima modestia lo que pasa en Argentina, porque apenas considero conocer algo de la política uruguaya. La política uruguaya la sigo cotidianamente, la política argentina no tanto, pero, bueno, estas elecciones en Argentina tienen como un plus de interés y por eso la seguí un poco más que otras veces. Ese

---

7. Udelar: Universidad de la República Oriental del Uruguay. La Facultad de Ciencias Sociales de la Udelar comenzó a funcionar en 1991.

plus de interés en buena medida está dado por la irrupción de Milei, que sorprendió a todos por su desempeño. Después de las elecciones PASO, no hubo dos opiniones, la gran sorpresa fue lo que pasó con Milei. Entonces, soy uno más de los que se quedó rascando la cabeza después de haber visto lo bien que votó Milei.

MLB: ¿Te sorprendieron los resultados?

AG: ¡Bueno, te diría que sí! Después que ocurre, después de que ocurrió, no es tan difícil de entenderlo me parece. Una cosa es poder anticiparlo y otra cosa es, después, no ser capaz de entenderlo. Yo creo que no es tan difícil de entender lo que está pasando en Argentina; de hecho, rápidamente, analistas argentinos y también de acá de Uruguay, hubo gente que dijo «Es el voto bronca, el voto desencanto». ¿Y cómo no entender la bronca, el desencanto de los argentinos? ¿Cómo no entenderlo?

Vos que estás estudiando ciencia política, durante los próximos años vas a escuchar hablar mucho sobre instituciones, la importancia de ellas, y vas a escuchas muchas explicaciones del éxito o fracaso de las naciones vinculadas con su diseño institucional, con las características de sus instituciones. El caso argentino como un caso paradigmático de esto, un caso ejemplar. Yo no soy un fanático de nada y tampoco soy un fanático de las explicaciones institucionalistas.

Pero la verdad es que, si yo tengo que poner un ejemplo de cómo es posible que fracase tanto una nación —un ejemplo institucionalista—, el primer caso que se me viene a la cabeza es el caso argentino porque Argentina es un país lleno de gente talentosa, lleno de riquezas (materiales y culturales) y, sin embargo, es un fracaso extraordinario que tiene mucho que ver con cuestiones institucionales, creo yo. Entonces, ¿cómo no entender la bronca de los argentinos?, porque un país que está todo el tiempo con problemas económicos, sociales dramáticos —y pasan los años, se alternan los gobiernos y no hay manera de enderezar el barco, no hay manera de que aquello funcione—, no sé, para hablar de los últimos 20 años. El gobierno de De La Rúa que termina con un gran desastre con helicóptero incluido[8]; después la transición complicada hasta el kirchnerismo que tuvo su década de esplendor mientras hubo dinero y los precios internacionales ayudaron; y después, bueno, después el derrumbe. Derrumbe, alternancia y derrumbe que se sostiene. Porque, a veces, cuando fracasa un partido se supone que viene otro y corrige las cosas.

En Argentina se derrumbó el kirchnerismo, vino un gobierno de centro derecha y no fue capaz de hacer las reformas que había que hacer para que la economía funcionara. Fracasó ese gobierno y vino el gobierno de los Fernández (de Alberto y Cristina), y otra vez, otro fracaso estruendoso. Entonces ¿Cómo, después de una sucesión de fallas de los partidos políticos en el gobierno, no entender que aparezca una persona gritando, convocando leones y expresando esa bronca? ¿Cómo no entenderlo? Pero, bueno, siempre se dice que con el diario del lunes es más fácil. Con el diario del lunes es más fácil entender el fastidio de los argentinos.

MLB: Justo lo respondiste, pero una de las preguntas era ¿para vos a qué se debe el triunfo de Milei? Por lo que decís, puede ser este tipo de sucesos que mencionabas.

AG: Hay otra manera de decirlo. Cuando no tenés una izquierda como la gente, tenés peronismo o kirchnerismo que es una izquierda básicamente, para mi gusto, irresponsable. Irresponsable porque no sabe cuándo parar de gastar, no sabe que el dinero no

---

8. El mandato de Fernando de la Rúa como presidente de la nación argentina fue desde el 10 de diciembre de 1999 hasta el 20 de diciembre del 2001. Cuando Adolfo se refiere al helicóptero, es porque Fernando de la Rúa renunció antes de que terminara su mandato presidencial debido a las protestas y la represión policial causada por la crisis brutal que vivía Argentina en el año 2001. Al momento de su renuncia, el presidente decidió subirse a un helicóptero desde la Casa Rosada y dejar de manera definitiva el poder.

se puede fabricar y que hay que respetar el abecé del capitalismo. Esto se llama capitalismo, hay que respetarlo para que un país funcione y el peronismo esto no lo entiende.

Y cuando no tenés una derecha como la gente, te aparece Milei. ¿Qué es una derecha como la gente? Es una derecha seria, capaz de tomar decisiones antipáticas, que no está pensando en los votos, que no está pensando en la elección siguiente, que está dispuesta a tomar riesgos, a chocar con la opinión pública, dispuesta a que, si hay que bajar el gasto público, bajarlo y, si hay que ajustar la economía, ajustarla.

Para mí, la gran oportunidad perdida por la derecha Argentina fue justamente el gobierno anterior, el gobierno de Macri que, en cuanto ganó las elecciones ya se puso a pensar en las siguientes en lugar de pensar en cómo ordenar la economía más allá de los costos políticos de corto plazo. Yo lo veo un poco así, los defectos de Argentina son que no tienen una izquierda seria, tienen kirchnerismo; no tienen una derecha valiente y no tuvieron en su momento una derecha valiente, les apareció Milei.

MLB: Yendo puntualmente a las elecciones PASO. ¿Gana algo Milei con esos resultados? ¿O es más que nada para tener una idea de cómo está parado electoralmente de cara a las elecciones de octubre?

AG: Para Milei fue un triunfo extraordinario, Milei ya se siente presidente, si yo lo interpreto bien. Y tiene algunas buenas razones para sentirse así. Es decir, tuvo un triunfo extraordinario en el que, quizás, solo él y su hermana confiaban; fue una votación extraordinaria y ganó muchísimo porque quedó perfilado como el favorito para la próxima elección de octubre. Además, sigue liderando la discusión de la campaña electoral, él sigue siendo el eje, el protagonista, él sigue siendo el que marca la agenda de la campaña electoral, nada más ni nada menos. Cualquiera que se dedica al *marketing* político sabe que el liderar la agenda, ser ese que todos miran, ese al que apuntan todos los reflectores, es fundamental. Ganó muchísimo votando como votó. Otra cosa es ¿a qué precio?, ¿a qué precio se encamina hacia la presidencia? Ese es otro cantar.

MLB: ¿Qué opinión tenés acerca de sus ideas? Por ejemplo, se ha discutido mucho el tema de la dolarización, los váuchers para la educación y la salud pública, eliminación de ministerios. Sería una reforma bastante profunda que muchos dudan si se podría hacer en tan solo un periodo de gobierno.

AG: Hay como dos niveles de respuesta. En el terreno doctrinario, son propuestas que se sostienen. Milei no es el único en plantear ni los váuchers —quizás lo más polémico es la eliminación del Banco Central porque ahí va contra el *mainstream* de la economía mundial—, pero, bueno, los váuchers es una cosa que desde hace 30 o 40 años que se habla de esto y se aplica en muchos lados. Es más, Milton Friedman escribía sobre esto hace muchísimo tiempo y en Chile se ha aplicado mucho. Entonces, hay algunas propuestas que tienen biblioteca atrás, la dolarización, por ejemplo.

En todo caso, desde Uruguay y desde nuestra manera de pensar con los pies en la tierra, el costado más complicado de las propuestas de Milei es su factibilidad. No es tanto si tienen sustento o no tienen sustento teórico sus propuestas, es su factibilidad; es decir, ¿cuán factibles son estas ideas que él plantea?, ¿es posible llevar un giro radical en la política económica argentina como el propone? De una economía super intervenida, super dirigida, super regulada con un gasto publico gigante, con un estado muy grande, ¿es posible pasar a ese estado mínimo que el plantea?

Te diría que, más bien, lo considero poco probable. Te digo más, ni siquiera con mayoría parlamentaria, porque además mayoría parlamentaria no va a tener. ¿Cómo hace Milei sin mayoría parlamentaria para llevar adelante la agenda que quiere llevar adelante? Te vas a aburrir durante la carrera de ciencia política de escuchar hablar sobre cambios de políticas públicas o cambios institucionales. Simplificando cambios graduales contra cambios radicales, de paradigma.

Lo que propone Milei no son cambios graduales, son cambios de paradigma. Un cambio de este estilo requiere de una coalición, una musculatura muy grande. Cuanto más dividido el poder, cuanto más disperso el parlamento, es más complicado todavía. ¿Cómo hacer Milei para hacer esos cambios de paradigma que quiere hacer sin mayoría parlamentaria? Sin mayoría parlamentaria y teniendo enfrente, además, una cultura estatista muy fuerte, teniendo en cuenta movimientos sindicales muy fuertes, teniendo un frente adversario muy potente.

Si algo sabemos, como hemos aprendido los politólogos, es que vivimos en sociedades plurales (sociedades democráticas, poder dividido) y, si algo sabemos los que estudiamos políticas públicas, es que cada cambio requiere un esfuerzo enorme, cada cambio de paradigma. Es como una obra de ingeniería, construir una coalición, diseñarlo, concretarlo, es muy difícil.

Entonces, para mí la gran pregunta no es tanto sobre el sustento técnico, sino que la pregunta sería ¿qué pasa en la opinión pública cuando llega un gobierno diciendo que va a hacer una reforma de fondo, que va a cambiar de punta a punta el país y termina haciendo poco y nada? ¿Cuál es la consecuencia que tiene eso? Ahí hay un costo tremendo, en términos de representación, en términos de democracia. Es decir, cada vez que un político llega a un cargo decisivo y no puede hacer lo que prometió, es la democracia la que pierde, es la gente la que pierde.

La gente pierde confianza en el sistema democrático, pierde confianza en la representación. Entonces, el principal riesgo que veo en Milei, será porque soy politólogo, es un riesgo político. El riesgo político que advierto es que una vez más la gente se frustre. Se frustró al final del primer gobierno kirchnerista, se frustró con el gobierno de Macri, se frustró con el gobierno de los Fernández (de Alberto y Cristina) y se puede volver a frustrar con Milei porque está ofreciendo cambios que, para mi gusto, no tiene como concretarlos; a menos que (y esto también es extraordinariamente riesgoso) el camino que tome sea el camino de los decretos presidenciales, que encuentre algún atajo institucional para llevar adelante cambios para los cuales, en principio, no tiene mayoría.

Y esa forma de gobernar, esa forma de hacer cambios tampoco es muy buena en términos democráticos. Es decir, el presidente que tiene «superpoderes», el presidente que se lleva el mundo por delante. En términos políticos, el escenario a mí no me entusiasma mucho, es más, me preocupa bastante porque ¿cómo haces para construir coaliciones después de haber hecho campaña con el lanzallamas en la mano? Una vez que vos prendiste fuego a todo, que dijiste cualquier cosa de tus rivales, una vez que hablas de la casta política, una vez que los trataste de parásitos, ¿cómo haces para después negociar con ellos y acordar políticas? Es muy difícil. Para mí, hay un riesgo político muy fuerte que no tiene tanto que ver con el fondo de sus doctrinas.

MLB: ¿Crees que su forma de hablar resta?

AG: Claro. En teoría, si vos querés construir, si querés hacer cambios de fondo, tenés que saber que precisás aliados y, si precisás aliados, tenés que cuidarlos. Tenés que construir con tiempo esas alianzas. Por ejemplo, en el caso uruguayo, Lacalle Pou se pasó haciendo campaña en el 2019 diciendo que precisaba aliados y con 4 o 5 programas de otros partidos políticos diciendo «acá hay coincidencias, vamos a tener una coalición inédita». Y no contestó nunca posibles agravios, no se peleó con nadie. Entonces, él sabía que precisaba a los demás y no los agravió, por eso la coalición dura hasta hoy, porque tomó el trabajo de cuidar sus palabras. A Milei la manera de hablar le suma votos en este clima de enojo tremendo que hay en Argentina. En teoría, le resta capacidad de acordar, capacidad de buscar aliados o capacidad de concretar alianzas que, en principio, son imprescindibles para llevar adelante las reformas que quiere hacer. Entonces, bueno, es como jugar con fuego.

Segunda parte de la entrevista

En esta segunda parte, se buscó abordar la figura de Javier Milei desde el punto de vista uruguayo. Se buscaron actores o partidos políticos con los cuales tenga algún pensamiento en común o ejemplos de gobiernos uruguayos de tinte liberal con reformas profundas, como plantea Milei.

MLB: ¿En la historia del Uruguay, ha habido algún presidente o dirigente político que se te ocurra con alguna de estas ideas liberales?

AG: En la política uruguaya, desde a principios del siglo, siempre ha habido más estatistas y más liberales, pero los estatistas no fueron muy fanáticos ni tampoco los liberales. Pero, bueno, simplificando mucho podría decir que la tradición Batllista,[9] durante mucho tiempo, sin contar la de Jorge Batlle, fue una tradición estatista, proteccionista, con una vocación muy fuerte por atender los problemas sociales, por la cuestión de bienestar y los derechos sociales. Y la tradición blanca (en particular la tradición Herrerista)[10], más liberal, más orientada a la empresa, más orientada al campo, más orientada a la apertura comercial. Siempre estuvieron esas dos tradiciones que son muy fuertes hasta el día de hoy. El Frente Amplio expresa más esa tradición, que en otro tiempo

---

9   Corriente del Partido Colorado de Uruguay inspirada en las ideas de José Batlle y Ordoñez.
10 Es un grupo político que persigue las ideas del caudillo del Partido Nacional, Luis Alberto de Herrera.

llamamos Batllista, y la actual coalición de gobierno representa más la otra mirada más liberal.

¿Discursos extremos? Bueno, si ha habido, no fueron quizás tan intensos como los que estamos viendo de Milei. Y lo que cuesta encontrar también es el lenguaje de Milei. El lenguaje contra la casta política no es que no haya existido. El lenguaje de la casta era el lenguaje de los 60, en esos años, el discurso de la guerrilla había «toques», era el discurso de la izquierda en general. Estaba este lenguaje de «los partidos tradicionales son los partidos de la oligarquía, son los partidos de 600 familias». Entonces, no era un lenguaje tanto contra la clase política, sino que estaba más teñida de marxismo, no es tanto la acusación contra la clase política, sino contra la clase que se asume por detrás de esa clase política. Era un discurso más contra los ricos, «los dueños del país», este discurso era de la izquierda en esos años 60. A la clase política, a los partidos tradicionales, se los criticaba mucho; pero, ya te digo, se los criticaba porque se los consideraba voceros o representantes de los intereses económicos prevalecientes y dominantes. No es exactamente lo mismo ese discurso que el discurso de la casta política de Milei.

Ahora, ¿discurso contra los partidos?, hubo siempre en la política uruguaya. José Rilla lo ha contado de modos muy bonitos en su tesis de doctorado que se llama *La actualidad del pasado*. En alguno de los pasajes de ese libro, él hace una breve historia de la tradición contra los partidos; es decir, de la tradición intelectual y política que critica a los partidos políticos. Esta tradición es tan vieja como la república, tan vieja como el Uruguay. Por ejemplo, los universitarios durante el siglo XIX criticaban las divisas; los doctores, como decía Pivel Devoto, criticando a los caudillos. También, a lo largo del siglo XX la generación del 45, la revista *Marcha*, intelectuales criticando a los partidos diciendo «estos partidos no funcionan, no son propiamente partidos, sino que son alianzas electorales que construyen su poder mediante el clientelismo». Entones, la crítica contra los partidos siempre existió en Uruguay, pero ha sido eso, más una crítica contra los partidos que contra la casta. Entonces, es difícil encontrar discursos en contra de la casta como Milei.

En los 60 hubo dos voces muy críticas de la política. Por un lado, los militares y por otro, la guerrilla. Dos movimientos antisistémicos, en última instancia. Puntos de contacto con la crítica de Milei, lo más cercano sin ser lo mismo, es ese discurso —de a mediados y fines de los 60 y principios de los 70— contra los partidos. Las críticas eran «partidos corruptos», incapaces de gobernar, incapaces de solucionar los problemas de la gente. Eso se puede encontrar en esa extrema izquierda y en esa extrema derecha.

MLB: Desde mi punto de vista, el sistema democrático uruguayo es muy distinto al sistema argentino. Siento que la calidad democrática uruguaya es mucho más sana y sólida que la Argentina, por ejemplo, en cómo se tratan entre los diferentes partidos políticos o, incluso, el hecho más notorio es cuando Cristina Kirchner no le entregó a Mauricio Macri la banda presidencial. Creo que acá somos muy cuidadosos con los dirigentes políticos, por supuesto existe discusión de ideas, pero se trata de mantener intactas las relaciones entre las personas. Otro ejemplo en el caso uruguayo es cuando Lacalle Pou asumió la presidencia, mostraron una buena relación con el presidente saliente Tabaré Vázquez, incluso viajaron juntos a la asunción del presidente Alberto Fernández en Argentina. Entonces, teniendo en cuenta todos estos hechos, ¿es posible que haya un Javier Milei uruguayo?

AG: La tradición política uruguaya es de mejor calidad que la política argentina y es mejor que la política latinoamericana en general. Yo estoy convencido de que vivimos en la mejor democracia de la región. Por supuesto, es una democracia que tiene problemas, pero es la mejor democracia de la región. El tipo de relacionamiento entre los políticos, como vos mencionas, es una señal o un testimonio de ese nivel de calidad. La política uruguaya es una que transmite y despierta mucha pasión, los partidos son muy fuertes, trazan fronteras muy claras y nítidas con los otros; pero, al mismo tiempo, en general, cuidan las formas y saben que forman parte de un todo, saben que tienen que cuidar el tono de la relación con los demás. Creo que tienen bastante claro que no se pueden arrasar con el otro, que en algún punto hay que considerarlo, Así que sí, la política uruguaya está en otro nivel, hemos aprendido bastante a lo largo de la historia.

La emergencia de Milei, decíamos hace un rato, es un testimonio de la crisis de representación; es decir, muchos ciudadanos y ciudadanas argentinas han dejado de confiar en los partidos establecidos y que están enojados, se sienten traicionados y decepcionados. Para que aparezca un Milei uruguayo deberíamos encontrar niveles de crisis de representación semejantes, niveles semejantes de enojo, frustración. Yo creo que en Uruguay no existen niveles semejantes, no hay el mismo nivel de frustración y de enojo, pero en Uruguay hay que abrir los ojos y cuidar muchísimo la relación entre los partidos políticos y la gente.

En Uruguay no parece haber una crisis de representación así tan grave. La elección pasada en Uruguay fue una elección importante desde este punto de vista o que reflejó los problemas que estaba teniendo la representación en ese momento porque la elección pasada ocurrieron fenómenos extraordinarios. No apareció un Milei, pero apareció un Ernesto Talvi en el Partido Colorado, apareció Manini Ríos. El discurso de Manini en particular, no es el discurso de Milei, pero que aparezca un político nuevo y un partido nuevo no pasa todos los días. Entonces, en Uruguay la elección de 2019 expresa algunos de esos problemas de representación que tenemos.

Parece muy difícil que vuelva a pasar algo semejante en la elección que se viene en 2024, parece muy difícil que aparezca un nuevo partido, parece difícil que no haya incluso volatilidad. Le llamamos volatilidad electoral a gente que ha votado o que votó un partido en un momento determinado, vote a otro partido en la elección siguiente. Lo que sabemos es que suele haber volatilidad dentro de cada bloque (eso no puede llamar la atención). Yo no esperaría una elección de cambio, más bien, lo que me espero es una elección de estabilidad. En Argentina estamos frente a una elección de cambio; es decir, están pasando cosas impresionantes. En Uruguay yo creo que no, que pasaron cosas impresionantes en todo caso en la elección pasada, no creo que vayan a pasar en esta elección en particular.

MLB: Argentina y Uruguay tenemos una relación entre países muy importante. Por ejemplo, compartimos el Mercosur. ¿Cómo crees que podrían llegar a ser las relaciones con el Uruguay, teniendo en cuenta que hay gente que no sabe mucho acerca de las ideas de Milei, gente a favor y gente que está completamente en contra?

AG: Yo creo que todavía tenemos poca información, recién nos estamos enterando de cómo es o qué piensa hacer Milei con la economía argentina y con el estado argentino. Hay poca información sobre cómo manejaría él desde el punto de vista diplomático. Obviamente, Milei se llevaría un poco mejor con un gobierno como el actual en Uruguay, que con un gobierno del Frente Amplio. Está mucho más lejos en términos ideológicos con el Frente Amplio que del gobierno de Lacalle Pou, pero relaciones fáciles con Milei... Me parece muy difícil. Y volvemos un poco a lo mismo, Milei es él, con su personalidad, con sus ideas, y parece ser un hombre que es difícil de entenderse, dentro y fuera de Argentina. Así que mucha incertidumbre.

Capítulo 7
Análisis de las elecciones.
22 de octubre de 2023

Las elecciones celebradas el pasado domingo 22 de octubre en la República Argentina despertaron una sensación de sorpresa. El candidato del oficialismo ganó la primera vuelta de las elecciones nacionales con el 36 % de los votos, desplazando del primer lugar a Javier Milei (quien había resultado victorioso en las PASO), con el 30 %. Estos dos, al ser los candidatos más votados de estas elecciones, irán a un balotaje donde se disputará el sillón presidencial entre Unión por la Patria (Sergio Massa) y La Libertad Avanza (Javier Milei). Por otro lado, se presenta el mal resultado electoral que obtuvo Juntos por el Cambio con Patricia Bullrich a la cabeza. La candidata consiguió el 23 % de los votos, por lo que quedó tercera y sin poder entrar a balotaje. Sin duda, es un golpe fuerte a Juntos por el Cambio, ya que demuestra que la gente que siente que es necesario el cambio optó por votar a la otra fuerza opositora liderada por Javier Milei.

Lo que llama ahora la atención, es cómo se van a barajar los votos de Juntos por el Cambio, si van a ir para el oficialismo o a la oposición. En el discurso de Patricia Bullrich, el mismo domingo 22, luego de conocer los resultados parciales, reconoció su derrota y que «no va a felicitar que vuelva al poder quien ha sido parte del peor gobierno de la historia Argentina». Según su frase, se puede analizar que de ninguna manera va a avalar la candidatura de Sergio Massa en el balotaje de noviembre; pero, al mismo tiempo, hay una gran incertidumbre de si va a apoyar a Javier Milei o no. Podemos llegar a esta conclusión, también, porque en los debates y las campañas, La Libertad Avanza y Juntos por el Cambio han sido muy críticos el uno del otro. En el caso de Milei, ha sido crítico con Patricia Bullrich por su participación en un movimiento armado, los Montoneros, y la ha acusado de haber tirado bombas en un jardín de infantes. Por el lado de Patricia Bullrich, las críticas fueron derecho a las propuestas de Javier Milei, a las que trató de impracticables; pero también a temas como la venta de órganos y la libre portación de armas que, dicho sea de paso, no están en las propuestas de Javier Milei, ninguna de ellas. Esto generó un gran impacto, debido a que no se vio para nada una oposición firme y unida con el fin de terminar con el gobierno kirchnerista y un posterior cambio de mando. Si no que se criticaron entre los dos principales partidos de la oposición y, desde mi punto de vista, eso generó una división total en el electorado.

Y para hablar del ganador de esta elección, Sergio Massa, se pueden decir dos cosas. Desde mi perspectiva, la separación entre los partidos políticos de oposición jugó un rol importante en la votación de Sergio Massa porque captó votos de Juntos por el Cambio (seguro de Horacio Rodríguez Larreta) y, por otro lado, de algunos votantes independientes. A Sergio Massa le funcionó bien su discurso de campaña, en el que se alejó del gobierno y se hizo poco responsable de lo que está ocurriendo en Argentina. Es muy difícil pensar que Sergio Massa no es responsable de lo que está sucediendo en Argentina porque justo es uno de los principales responsables, ya que es el ministro de Economía responsable por altos niveles de pobreza, inflación de tres dígitos, desempleo, entre otros aspectos terribles que está viviendo el pueblo argentino. Pero, aun así y con estos antecedentes, la gente optó por el candidato del oficialismo.

También jugó un rol fundamental la estrategia política que planteó el kirchnerismo, el miedo. Lo utilizaron en medios de comunicación para espantar al electorado, sobre todo del candidato que había resultado ganador en las elecciones PASO. Y con miedo me refiero a que los estudiantes iban a ir a sus centros de estudio con armas, sangre en la calle (como decía el ministro de Seguridad, Aníbal Fernández), entre otros tipos de declaraciones públicas. Además de todo esto, de cara a las elecciones, el ministro y candidato Sergio Massa bajó el impuesto a las ganancias en los salarios. Queda claro que esto fue una jugada política, ya que ocurrió después de las elecciones PASO celebradas en agosto. La medida se aprobó en el Senado de la República Argentina el jueves 28 de septiembre.

En su discurso luego de los resultados, Javier Milei llamó a la unidad de todos aquellos que buscan terminar con el kirchnerismo. Eso va a ser muy interesante por dos aspectos. Por un lado, lo han acusado a Javier Milei de ser funcional al kirchnerismo, pero fue la fuerza opositora que más votos sacó. Por otro lado, si Juntos por el Cambio no lo acompaña, los verdaderos funcionales al kirchnerismo van a ser ellos. ¿Por qué? Porque Javier Milei necesita esos votos para ser presidente y también de votantes independientes.

En otro contexto, o en otras partes del mundo, ayer a la noche la oposición estaría unida para hacerle frente al kirchnerismo, pero no fue el caso argentino. La grieta que se generó entre La Libertad Avanza y Juntos por el Cambio causa que, hoy en día, de cara al balotaje del 19 de noviembre, no sea claro si los votos de Patricia Bullrich irán todos para Javier Milei. Es más, es seguro que, mismo que en la interna de Juntos por el Cambio, los votos que obtuvo Horacio Rodríguez Larreta en las elecciones PASO (11,19 %) no fueron todos para la candidata Patricia Bullrich, que obtuvo en la interna el 16,98 % de los votos. Estos datos nos dicen que mismo existen diferencias ideológicas en el interior de Juntos por el Cambio, lo que generaría votos divididos entre Massa y Milei para el balotaje.

Ahora, estos resultados no quieren decir en absoluto que el líder libertario fracasara. Para nada fracasó Milei, ya que entró al balotaje (cuando hasta hace 2 años era impensado que un *outsider* consiguiera tal cantidad de votos) y, además, La Libertad Avanza es ahora la principal fuerza política opositora. Si bien desde este mismo partido la expectativa era la de ganar en primera vuelta, de igual manera definirán en noviembre la presidencia. Javier Milei ahora tiene un rol clave: debe tener mucho cuidado con el tipo de discurso que empiece a dar en la campaña electoral de cara al balotaje. Como mencioné antes, un paso ya lo dio y es llamar a la unidad para terminar con el kirchnerismo. En el correr de los días, veremos si Patricia Bullrich o algunos dirigentes de Juntos por el Cambio oficializarán el apoyo a Javier Milei para el balotaje.

Teniendo en cuenta los porcentajes de las elecciones PASO y las nacionales del 22 de octubre, ya vemos que una parte de los votos de Juntos por el Cambio van para el oficialismo. Si no le dieron el apoyo a Patricia Bullrich que era la candidata de su espacio político, menos se lo van a dar a Javier Milei. Por eso, estos días que siguen son claves de acá al 19 de noviembre. Se verá si dirigentes de los demás partidos de oposición harán campaña por Javier Milei y oficializarán su apoyo al candidato o si se van a mantener neutrales y que su electorado escoja el que más prefieran.

Otra gran misión de Javier Milei, es apuntar al electorado y no tanto a los dirigentes políticos. Porque, si bien ellos son, en algunos casos, «líderes», quien deciden su voto es la población en general. Por lo tanto, ese es el trabajo que debe de realizar Milei, además de llamar a la unidad para triunfar.

En conclusión, es una incógnita todo lo que vaya a pasar desde hoy hasta la elección de noviembre, ya que muchas encuestadoras erraron en los resultados y serán claves los mensajes de Massa y Milei para captar la mayor cantidad de votos. Lo que sí queda claro es que el sillón presidencial está en disputa por dos modelos de país por completo opuestos. Estatismo-liberalismo, continuidad-cambio, kirchnerismo-libertad.

Marco Lorenzi Boné
23 de agosto de 2023

Capítulo 8
Optimismo Argentino[11]

Ahora se trata de la libertad frente al espíritu totalitario. Javier Milei a la noche de las elecciones del 22 de octubre expuso un muy atractivo discurso que apuntó a incorporar a todos los partidarios de la sociedad libre, cualquiera sea el espacio del que provengan. En esta instancia queda una clara división de aguas. Se sabrá quién es quién. Una parte de la oposición aceptó con grandeza la invitación de Milei. Otros dirigentes políticos fuera de La Libertad Avanza están negociando cargos para un eventual —y esperemos poco probable— triunfo del kirchnerismo peronista, una lacra que los argentinos venimos padeciendo desde hace décadas.

Todo cambió a partir del último proceso electoral. Como queda dicho, ahora se trata de la libertad frente al espíritu autoritario. Esto último debido al atropello de derechos constitucionales como la propiedad en un contexto de endeudamiento astronómico, una maraña impositiva sin precedentes, una inflación galopante, un enjambre cambiario de una densidad colosal, una marcada inclinación a asociarse con gobiernos criminales, una cerrazón absoluta al comercio internacional, una legislación laboral que atenta contra el trabajo, un manejo de pauta oficial descarado que aplasta la libertad de prensa, un unitarismo que avasalla la

---

11 Benegas Lynch (h), A. (4 de noviembre de 2023. Optimismo Argentino. Diario El País.

concepción federal y equivalentes. Todo lo cual redunda en mayor pobreza, precarización y carestía insoportable, responsabilidad del actual equipo gobernante que no ha hecho más que acentuar en grado exponencial los males que veníamos padeciendo desde hace la friolera de ochenta años.

Frente a este desbarajuste peligros está Javier Milei y La Libertad Avanza que ha expuesto un detallado plan de gobierno que apunta a reconstruir valores alberdianos desde la perspectiva moral, institucional, ambiental, monetaria impositiva, laboral y de comercio exterior. Como muchos han sido incapaces de refutar sus propuestas se han dedicado a hacer cuestiones personales, lo cual incluye temas temperamentales que no hacen a los valores que sustenta el candidato. Dicho sea al pasar a Alberdi se lo cuestionaba por mal carácter, en especial a raíz de los adjetivos subidos de tono a que recurrió, por ejemplo, en sus libros *Grandes y pequeños hombres de Plata, Cartas Quillotanas* y *La Revolución de Mayo*, lo cual no es para justificar malos modos sino para poner en contexto la situación.

Por otra parte, hay quienes levantan dedos acusadores confundiendo campos siendo partícipes de lo que acusan con lo que les cabe el célebre poema de Sor Juana Inés de la Cruz donde mantengo el predicado y cambio el sujeto «Hombres necios que acusáis...». Lo relevante consiste en hacer un Zoom sobre los valores que propone Milei y percatarse que buena parte de los rechazos se deben a una muy escasa comprensión de lo que significa una sociedad libre donde cada uno debe poder hacer lo que estima pertinente sin lesionar derechos del vecino. De allí mi definición del liberalismo tan citada por Javier: «El liberalismo es el respeto irrestricto a los proyectos de vida de otros», lo cual para nada quiere decir que adherimos a los proyectos de vida del vecino, más aún nos puede resultar repugnante, pero como queda dicho si no se invaden derechos no puede recurrirse a la fuerza, la cual solo puede utilizarse con carácter defensivo.

En este plano destaco que la expresión «tolerancia» no me atrae especialmente puesto que arrastra cierto tufillo inquisitorial de perdonar errores ajenos desde una posición privilegiada, ya que los derechos no se toleran, se respetan. Como decía Einstein «todos somos ignorantes, solo que en temas distintos» y la forma de operar en una sociedad civilizada consiste en el respeto recíproco formado por la vida, la libertad y la propiedad, el resto es responsabilidad de cada cual.

Bajo mi computadora tengo un enorme letrero que pertenece al lema de la Royal Society de Londres: *nullius in verba*, es decir, no hay palabras finales. Como nos ha enseñado Karl Popper, el conocimiento tiene la característica de la corroboración provisoria abierto a refutaciones. Esto en nada va en línea con el relativismo epistemológico que no solo es incoherente con esa misma postura puesto que sería relativa sino que las verdades son correlatos entre juicio y la cosa juzgada, los hechos y sucesos son independientemente de las opiniones, el asunto trata de esfuerzos por incorporar conocimientos para lo cual es indispensable la libertad de expresión.

El 18 de octubre en el Movistar Arena, en el cierre de campaña de Javier, abrí el acto con un discurso como único orador junto con el candidato que se explayó en una arenga magnífica. Allí subrayé lo que estimo son aspectos sobresalientes de las propuestas de LLA, junto con algunas opiniones personales. Es de esperar que todos los que suscriben las bases liberales que hicieron de nuestro país la admiración del mundo vuelvan a entronizarse a la brevedad. Nos va la vida en esta hazaña, lo cual interesa también a la región. Hay que abandonar medias tintas y actitudes timoratas.

Capítulo 9
Análisis de las elecciones del 19 de noviembre de 2023

¡Javier Milei es el nuevo presidente de la Argentina! Javier Gerardo Milei, economista de 53 años, es el presidente que han elegido los argentinos en el balotaje de este domingo. A pesar de la «campaña de miedo», como lo denominó Milei, la población lo eligió para presidir la nación Argentina y así venció al candidato oficialista y actual ministro de Economía, Sergio Massa.

Los resultados parciales de las elecciones estaba pactado presentar a las 21 horas del mismo domingo. Sin embargo, el candidato del oficialismo reconoció a través de su discurso la derrota a las 20:30 horas. Él mismo, al momento de admitir los resultados que eran irreversibles, sorprendió a todos por su anuncio de que cuando termine este gobierno del cual es ministro, se retirará de la política. Los resultados electorales finales dieron como presidente electo a Javier Milei con el 55,69 % de los votos, con los que sacó una ventaja de 11 puntos a Sergio Massa quien obtuvo el 44,30 %. Este resultado castigó de manera brutal el manejo del gobierno de Alberto Fernández, la gente al final le dio su apoyo a la oposición para terminar con el kirchnerismo, el cual sufrió su peor votación de la historia.

Por otro lado, es de suma importancia destacar el gran trabajo que realizó Javier Milei junto a su espacio político La Libertad

Avanza. Es uno de los hechos más históricos en Argentina y el mundo, ya que el líder liberal se presentó como candidato a diputado por primera vez en el año 2021. No solo que salió electo y ejerció ese cargo, sino que también decidió presentarse a las elecciones presidenciales de este año, 2023, y las ganó siendo el más votado en las PASO y el favorito en el balotaje de noviembre.

Durante el último mes de campaña, comenzando desde el día después de la primera vuelta en la que Sergio Massa triunfó, sucedieron algunos hechos que es de suma importancia destacar, ya que fueron fundamentales para la victoria de Milei. Luego de las elecciones de octubre, Patricia Bullrich, quien era candidata por Juntos por el Cambio y no entró al balotaje, junto a su vicepresidente, Luis Petri, realizaron una rueda de prensa en la cual anunciaron su apoyo a Javier Milei para las elecciones de noviembre. A ellos se le sumaron Mauricio Macri y otros dirigentes de Juntos por el Cambio. Sin embargo, muchos se opusieron a ese anuncio y apoyo, como fue el caso del sector radical de ese mismo espacio. Entre Mauricio Macri y dirigentes del radicalismo hubo unos cruces muy importantes que dan a entender una ruptura dentro de Juntos por el Cambio. Por un lado, se encontrarán los radicales y aquellos dirigentes que no apoyaron a Javier Milei en el balotaje y, por otro, aquellos que sí lo votaron.

La cuestión ahora es que surgieron muchos comentarios, luego de conocerse los resultados del balotaje, de que Javier Milei ganó gracias a Mauricio Macri y todos los dirigentes del PRO que lo apoyaron. ¿Esto es así? Desde mi punto de vista, tanto Mauricio Macri como Patricia Bullrich y otros dirigentes fueron fundamentales para lograr el triunfo de la oposición y vencer al oficialismo kirchnerista, tanto en los anuncios y apoyos públicos para Javier Milei como en la fiscalización de los votos en cada mesa donde los mismos estaban siendo escrutados. En este sentido jugaron un rol muy importante, pero en mi opinión Javier Milei no es electo presidente gracias a estos dirigentes que decidieron apoyarlo. Él hizo méritos como para triunfar, recordemos que está dando una batalla cultural en extremo relevante en el ámbito público desde 2017. Estuvo realizando conferencias, participación en programas de televisión y, de esa manera, se fue formando un líder al cual la gente le dio en pocos años un apoyo fenomenal. Tanto así que, como mencioné antes, logró ser el candidato más votado en las elecciones PASO y entró en el balotaje, nada más ni nada menos que para sacar al oficialismo.

¿A qué se debe este triunfo? Primero, cabe destacar que la fuerza opositora Juntos por el Cambio había asumido la presidencia en 2015 tras vencer a Cristina Fernández de Kirchner hasta 2019, cuando pierden las elecciones ante la fórmula Alberto Fernández / Cristina Fernández. Ese gobierno se topó con la pandemia del coronavirus, la cual causó consecuencias en todo el mundo, como muertes y crisis económica. Argentina estuvo entre los peores países en el manejo de la pandemia y provocó (y continúa hasta ahora) una crisis económica brutal y miles de fallecidos, además de tener una de las cuarentenas más largas que se observaron a nivel mundial. La gente se vio muy afectada por las medidas llevadas a cabo por el gobierno, ya que cada vez empeoraba la situación. Además de la pandemia, también hubo muchos casos de inseguridad en las calles durante todos estos cuatro años de mandato kirchnerista. Y lo más notorio, quizás hasta ahora es la crisis económica que se está viviendo. La inflación y el dólar se han disparado bastante y han generado mayor pobreza y desempleo, entre otros factores que afectan la vida de las personas.

A pesar de que Juntos por el Cambio había logrado triunfar ante Cristina en 2015, sus resultados no fueron los mejores y

Argentina continuó por un camino de decadencia. Teniendo a la vista todos estos acontecimientos, la ciudadanía se topó con una persona que no venía de la política y que traía ideas que no se habían discutido hacía muchos años y, por ende, generó muchas críticas. Así hizo su campaña Javier Milei, llevando al debate político ideas —las cuales a la gente le causaron muchas dudas y críticas— pero al fin logró la victoria.

Volviendo a la campaña electoral luego de la primera vuelta, se vio una batalla muy dura para ambos candidatos, pero me quiero enfocar pura y exclusivamente en la campaña de Unión por la Patria y Sergio Massa. El sector oficialista se concentró en atacar a Milei y algunas cuestiones las cuales no están en su programa de gobierno, como la venta de órganos, la libre portación de armas, la educación y salud privatizada, entre otras cuestiones. Sin embargo, con esta «campaña de miedo» como la denominó Javier Milei, no pudo tapar los malos resultados del actual gobierno, no pudieron correr a la gente con todo ese tipo de cuestiones. La gente fue a las urnas y lo eligieron presidente de todos los argentinos.

Desde mi punto de vista, la política argentina y, en lo específico, su democracia no ha vivido sus mejores momentos. Un punto crucial fue, por ejemplo, el no traspaso de mandato por parte de Cristina Kirchner a Mauricio Macri en el 2015, pero han existido en esta elección aspectos que no le hacen bien a un sistema democrático. Fue notorio el trato que hubo entre los partidos políticos, atacándose de manera constante y demostrando también una mala relación entre los diferentes dirigentes. Se puede estar de acuerdo o no con las ideas de uno u otro, pero en un sistema democrático es de suma importancia el respeto entre dirigentes y partidos.

Sin embargo, los hechos más relevantes y graves se vivieron en los últimos días de campaña y el mismo día de las elecciones. Me refiero a la violencia que recibieron algunos de los militantes de La Libertad Avanza que, al momento de repartir boletas de Javier Milei, fueron insultados y golpeados por el simple hecho de pertenecer o defender las ideas de un partido político. Además de esto, también en los cuartos secretos para votar, para elegir la boleta que el elector apoya, muchas estaban destrozadas. Además de esto, también en los cuartos secretos para elegir la boleta que el elector decidiera votar, resulta que muchas de ellas se encontraban destrozadas. Este no es un clima que facilite las relaciones y la convivencia democrática. Sin duda, además de que Argentina debe arreglar muchos problemas sociales y económicos, el aspecto democrático es muy necesario conservar y es algo que se tiene que mejorar día a día, no solo por el sistema político, sino también por la población en su conjunto.

Argentina tiene por delante un momento duro y se ha elegido a Javier Milei como presidente electo para mejorar la situación que está viviendo el país. Para llevar adelante las propuestas y las reformas de fondo que plantea Javier Milei, es necesario que obtenga un apoyo de otros sectores, ya que no tiene mayoría parlamentaria. Por lo tanto, serán imprescindibles el diálogo y la discusión para llevar adelante todo lo que plantea. Hasta la primera vuelta parecía algo muy difícil, debido al trato que tenía Javier Milei con los demás partidos y dirigentes de oposición; pero luego de la primera vuelta, tras el anuncio de algunos dirigentes de Juntos por el Cambio de brindarle su apoyo a La Libertad Avanza —como mencioné antes— se vio una gran posibilidad de que entre ambas fuerzas políticas puedan llegar a acuerdos y votar las reformas en las que estén de acuerdo y sacar adelante a la Argentina.

Javier Milei dio su primer discurso como presidente electo el mismo 19 de noviembre, luego de que a través de las urnas sea el elegido. Sin duda, fue un acto muy emotivo para el líder libertario, se lo notó muy emocionado desde el momento en el que subió al escenario y fue presentado por su hermana, su compañía de siempre. Voy a analizar algunos aspectos de su discurso que me parecen en lo sumo importantes para destacar.

Comenzando por lo primero, Javier Milei dio un discurso digno de un presidente. Se lo notó sereno y tranquilo, marcando la crisis brutal que está viviendo el pueblo argentino y cuál sería el camino para la recuperación de la misma. Fue firme y mencionó algunas de las propuestas a las que había hecho referencia en los diferentes actos y discursos, cuando se refería, por ejemplo, a la libertad económica y el libre mercado. Algo que me pareció fundamental en su discurso es que no les habló a sus militantes ni a la gente que lo apoyó, sino que dio su discurso a toda la población argentina y un dato no menor es que, a pesar de las diferencias que pueden existir entre las personas y los dirigentes políticos, llamó a la unidad para sacar el país adelante. «Siempre que quieran sumarse al cambio que la Argentina necesita serán bienvenidos». Esto sin duda fue un mensaje muy positivo de su discurso.

Otro aspecto no menor que se pudo observar fue la tranquilidad con la que habló. Estábamos acostumbrados a ver a un Javier Milei eufórico, a los gritos y muy firme en contra de sus oponentes; en cambio, el presidente electo hoy ni siquiera siguió el canto que comenzaron sus electores en el búnker de campaña «que se vayan todos, que no quede ni uno solo». En otro momento, Javier Milei hubiese saltado y acompañado a sus militantes en ese canto, pero siguió concentrado hablándole a todos los argentinos.

Esto sin duda fue algo muy rescatable de su discurso, además de que también dio una señal de esperanza al pueblo argentino al referirse al hecho de que, a partir del 10 de diciembre, comenzaba una nueva etapa en Argentina para dar vuelta a la página y ponerle fin a la decadencia, como él la llama. «Hoy termina el modelo empobrecedor del estado omnipresente que solo beneficia a algunos mientras la mayoría de los argentinos sufren». Este tipo de afirmaciones que realiza son de las tantas en contra de la casta política, la cual ha referenciado innumerables veces. Sigue con el discurso de achicar el estado y menciona de nuevo su postura acerca de la clase política y sus privilegios.

Además de todas estas cuestiones, que son las que me parecieron más interesantes sobre de su discurso, agradeció la enorme participación de los fiscales en cada mesa de votación, nombrando a aquellos militantes de Juntos por el Cambio que se sumaron a la fiscalización para cuidar cada voto. Hizo una mención especial al expresidente de la nación, Mauricio Macri, y a Patricia Bullrich, quienes le brindaron su apoyo en el balotaje y salieron a hacer campaña por el hoy presidente electo. Destacó además que ni Patricia Bullrich ni Mauricio Macri le pidieron algo a cambio de su apoyo, sino que lo hicieron por lograr el cambio que la Argentina buscaba.

Y, como dije antes, fue un discurso digno de un presidente electo, que tocó puntos fundamentales y le dio un mensaje a la gente; lo cual, en definitiva, era lo más importante.

Marco Lorenzi Boné
19 de noviembre de 2023

Capítulo 10
Primer discurso de Javier Milei
como presidente electo[12]

Al analizar el discurso de Javier Milei, me pareció bastante importante que, para aquellos lectores no tuvieron la oportunidad de escucharlo o leerlo, lo puedan encontrar en este libro.

Buenas noches a todos. A todos los que están aquí presentes, a los que están en la calle también festejando y, sobre todo, buenas noches a todos los argentinos de bien. Porque hoy comienza la reconstrucción de Argentina. Hoy es una noche histórica para Argentina.

Muchas gracias a todos los que vinieron, muchas gracias a los que hicieron que esto fuera posible. Gracias al equipo que viene trabajando hace dos años para transformar Argentina y para lograr el milagro de tener un presidente liberal-libertario. Gracias a mi hermana Karina porque sin ella nada de esto hubiera sido posible. Además, también quiero agradecerle a ese gigante que me ha acompañado a lo largo de todo este proceso, ese gigante que suele mantenerse en la oscuridad que se llama Santiago Caputo y es el verdadero arquitecto de esto junto al jefe [su hermana, Karina].

También quiero darles las gracias a todos los integrantes de La Libertad Avanza que trabajaron sin parar para lograr este objetivo.

12 Milei, J. (2023, 19 de noviembre). Discurso de Milei como presidente electo.

Quiero darles las gracias muy especialmente a los fiscales, tanto a los de La Libertad Avanza como los del PRO [sector de Juntos por el Cambio], que pusieron el cuerpo para defender los votos. Porque dijimos que los votos estaban, pero había que cuidarlos y vaya que los cuidaron. Muchísimas gracias, fiscales. Por otra parte, quiero agradecerle muy especialmente al presidente Macri y a la señora Bullrich que desinteresadamente en un acto de grandeza como no se ha visto nunca en la historia argentina, pusieron el cuerpo para defender el cambio que el país necesita.

Quiero decirles a todos los argentinos que hoy comienza el fin de la decadencia argentina. Hoy empezamos a dar vuelta a la página de nuestra historia y volvemos a retomar el camino que nunca deberíamos haber perdido. Hoy se termina el modelo empobrecedor del estado omnipresente que solo beneficia a algunos mientras la mayoría de los argentinos sufre. Hoy se termina con la idea de que el estado es un botín a repartirse entre los políticos y sus amigos. Hoy se termina con esa visión de que los victimarios son las víctimas y las víctimas los victimarios. Hoy retomamos el modelo que hizo grande a este país, hoy volvemos a abrazar las ideas de la libertad, las ideas de Alberdi.

En definitiva, las ideas de nuestros padres fundadores que hicieron que en 35 años pasáramos de ser un país de bárbaros a ser la primera potencia mundial. Esas ideas se basan en tres premisas muy simples. Un gobierno limitado que cumple a rajatabla con los compromisos que ha tomado, respeto a la propiedad privada y comercio libre. Quiero ser muy claro con algo. El modelo de la decadencia ha llegado a su fin, no hay vuelta atrás. Los resultados de este modelo están a la vista de todos. De ser el país más rico del mundo, hoy somos 130, la mitad de los argentinos son pobres y el 10 % es indigente. Basta del modelo empobrecedor de la casta, hoy volvemos a abrazar el modelo de la libertad para volver a ser una potencia mundial.

Al mismo tiempo, quiero decirle a todos los argentinos y a todos los dirigentes políticos que todos aquellos que quieran sumarse a la nueva Argentina serán bienvenidos. No importa de donde vengan, no importa que hayan hecho antes, no importa que diferencia tengamos, estoy seguro de que es más importante lo que nos une que lo que nos separa. Porque eso es lo que va a hacer que pongamos de pie a la patria y volvamos a ser una potencia. En definitiva, siempre que quieran sumarse al cambio que la Argentina necesita, serán bienvenidos.

Sabemos que hay gente que se va a resistir. Sabemos que hay gente que quiere mantener este sistema de privilegios para algunos y que empobrece a la mayoría de los argentinos. A todos ellos quiero decirles lo siguiente: dentro de la ley todo, fuera de la ley nada. En esta nueva Argentina no hay lugar para los violentos, no hay lugar para los que violan la ley para defender sus privilegios. Vamos a ser implacables con aquellos que quieran utilizar la fuerza para defender sus privilegios. Al gobierno queremos pedirle que sea responsable, que entiendan que ha llegado una nueva Argentina y que actúen en consecuencia, que se hagan cargo de su responsabilidad hasta el final del mandato del 10 de diciembre. Así, una vez finalizado el mandato, podamos transformar esta realidad tan trágica para millones de argentinos.

Que se entienda bien, la situación de Argentina es crítica. Los cambios que nuestro país necesita son drásticos. No hay lugar para gradualismo, no hay lugar para la tibieza, no hay lugar para medias tintas. Si no avanzamos rápido con los cambios estructurales que la Argentina necesita, nos dirigimos derecho a la peor crisis de toda nuestra historia. Es fundamental que todos aquellos que queremos volver a abrazar las ideas de la libertad trabajemos juntos a partir del 10 de diciembre y podamos darle respuesta a una sociedad que ha sido abandonada por la clase política las últimas décadas. Tenemos problemas monumentales por delante. La inflación, el estancamiento, la falta de empleo genuino, la inseguridad, pobreza y la indigencia. Problemas que solo tienen solución si volvemos a abrazar las ideas de la libertad. Problemas que solo tienen solución si aquellos que queremos una Argentina distinta trabajamos juntos.

A todos aquellos que nos están mirando fuera de la Argentina, quiero decirles que la Argentina va a volver a ocupar el lugar en el mundo que nunca debió haber perdido. Por eso, quiero también decirles que nuestro compromiso es con la democracia, con el comercio libre y con la paz. Vamos a trabajar codo a codo con todas las naciones del mundo libre para ayudar a construir un mundo mejor.

Hoy es una noche histórica, no por nosotros, sino porque se ha terminado una forma de hacer política y comienza otra. A los argentinos quiero decirles que, a pesar de los problemas enormes que tiene el país, a pesar de lo sombrío que luce la situación; quiero decirles que Argentina tiene futuro, pero ese futuro existe si ese futuro es liberal. No venimos a inventar nada, venimos a hacer las cosas que la historia ha demostrado que funcionan. Venimos a hacer lo mismo que hicimos durante el siglo XIX en nuestro país. Lo mismo que hicieron países como Irlanda hace no tanto tiempo. Venimos a abrazar las ideas de la libertad, que son aquellas que garantizan la prosperidad de los argentinos. Si abrazamos esas ideas no solo vamos a poder solucionar los problemas de hoy, sino que dentro de 35 años volveremos a ser una potencia mundial.

Sin lugar a dudas hoy vamos a festejar, pero también es cierto que mañana desde la primera hora de la mañana nos pondremos a trabajar para que el 10 de diciembre empecemos a traer las soluciones que los argentinos necesitan. Por lo tanto, quiero dar las gracias a todos por el enorme trabajo para acompañar, por creer en que se puede. Cuántas veces habremos dicho y nos hemos cansado de repetir que la victoria en la batalla no venía de la cantidad de soldados, sino de las fuerzas que vienen del cielo. Quiero darles las gracias a todos y no podía terminar de otra manera.

¡Viva la libertad, carajo!

¡Viva la libertad, carajo!

¡Viva la libertad, carajo!

Dios bendiga a los argentinos, muchas gracias.

Capítulo 11
Entrevista con Martín López

Entrevisté a Martín, ya que es uno de los integrantes de la Asociación de Liberales del Uruguay que ha estado interesado en el caso argentino. Me pareció interesante saber su punto de vista acerca del fenómeno Javier Milei y también nos centramos en algunos casos como el uruguayo. Martín, en ese sentido, relata algunos aspectos del estado uruguayo, en los que resalta sobre todo cómo influye en el costo de vida de los ciudadanos. Además, destaca la importancia que puedan tener los resultados del gobierno de Javier Milei en la región y el mundo.

MLB: ¿A qué edad y en qué momento comenzaste a involucrarte en las ideas liberales?

ML: En realidad, no sé bien en qué momento. Siempre me interesó el tema de la economía y la política; entonces, siempre curioso por querer adquirir información, empecé a leer, también me interesó por qué a algunos países les iba bien y a otros les iba mal. Ahí fue cuando empecé a descubrir la literatura liberal, desde Adam Smith con su libro *La Riqueza de las Naciones* fui descubriendo otros autores como Milton Friedman, Hayek, entre otros. Ahí me fui adentrando y me pareció que eran puntos de sentido común, y también comencé a investigar sobre la otra vereda, la biblioteca marxista, incluso he leído *El Manifiesto Comunista* de Marx y Engels.

Entonces, una de las cosas que me di cuenta es que había muchos filósofos liberales que estudiaban el comportamiento humano y se basaban en la conducta humana. Y, por otro lado, el marxismo se basaba más en cómo debían ser las personas, como ellos se imaginaban que debería ser. Luego, me di cuenta que cuando se empezaron a aplicar esas ideas —y de tanto moldear la conducta humana— fueron derivando en regímenes autoritarios; en cambio, la filosofía liberal se basaba más en la libertad de las personas. Fue un poco eso lo que me atrapó y ahí leyendo libros e informándome fui metiéndome de a poco en todo ese mundo, pero cómo te digo lo descubrí a través de la lectura y la curiosidad.

MLB: ¿Por qué el liberalismo es superior al estatismo?

ML: El liberalismo se basa en la libertad de los individuos. Como dice la definición de liberalismo de nuestro máximo referente liberal de Argentina y uno de los más grandes de habla hispana, Alberto Benegas Lynch (h), «el liberalismo es el respeto irrestricto del proyecto de vida del prójimo, basado en el principio de no agresión y en defensa del derecho a la vida, a la libertad y a la propiedad». Lo que busca el liberalismo es la libertad de las personas para perseguir sus proyectos de vida, no busca imponer, sino que cada uno pueda decidir el destino de su propia vida. Eso implica que cada uno se debe hacer responsable.

En cambio, el estatismo lo que busca es dirigir la vida de las personas, por ejemplo, el tema de la justicia social, la redistribución de la riqueza. Lo que busca, a través de estas cuestiones, es moldear de alguna manera la sociedad, pero al momento que la gente va al supermercado y elije entre un producto u otro, genera que aquellos productos que son más demandados se produzcan en mayor cantidad. Todo eso produce una redistribución, la gente tiene un ingreso y lo está redistribuyendo en lo que gasta. Después aparece el gobierno y dice «esto está mal distribuido, yo lo voy a distribuir mejor», y ahí a través de los impuestos el estado distribuye a su antojo.

Como las necesidades son infinitas y los recursos son escasos, es importante distribuir de la manera más eficiente dichos recursos; pero, cuando el estado hace que se asignen recursos los cuales la gente libremente no hubiese elegido y esto produce un derroche de capital, esto genera que las tazas de capitalización (que son las que incrementan los ingresos y salarios en términos reales) se vean disminuidas.

Esto a la larga termina afectando a las personas de menos recursos, ya que, las tasas de capitalización (que son todas las instalaciones, maquinarias, herramientas, conocimiento, que hacen de apoyo al trabajo para su implemento y elevar su rendimiento), es lo que mejora los salarios y, al no realizarse esa inversión, produce el efecto contrario a lo que busca, lo que termina afectando a las personas. Ese es el efecto del estatismo, por lo cual los liberales defendemos que cada uno pueda apropiarse del fruto de su trabajo y que él mismo decida destinarlo de la mejor manera que crea para su proyecto de vida, sin la intervención del estado.

MLB: ¿Qué opinión tenés acerca del gobierno de Alberto Fernández?

ML: El gobierno de Alberto Fernández no es muy distinto a los gobiernos anteriores. Argentina es un país que tiene muchas regulaciones, mucha intervención en la economía. Eso es algo que se ha incrementado a lo largo de los años y ha generado que haya caído en una decadencia que no es de ahora, viene desde hace décadas. Al igual que los gobiernos anteriores fue de tipo intervencionista y las consecuencias están a la vista.

MLB: ¿Qué te genera que Javier Milei haya sido elegido presidente de la nación?

MLB: Yo creo que el hecho de que haya ganado Milei marca un cambio de época. Creo que, en otro momento, alguien que hubiese propuesto bajar el gasto público, privatizar las empresas públicas, no hubiera ganado ni por asomo. Creo que la crisis argentina y el contexto que está viviendo ayudó a que surja Milei y que la gente lo apoye, cansada de años de que cada vez haya más pobreza y menos futuro. Apareció alguien que planteó algo distinto. Lo importante no es solamente que haya ganado, sino que tenga buenos resultados porque si tiene buenos resultados creo que va a ser un punto de inflexión para toda la región, va a haber un vuelco a las ideas liberales. En ese sentido, si él tiene buenos resultados, sería algo muy positivo para que se expanda una ola de esas ideas.

MLB: ¿Con cuál de sus ideas te sentís más identificado?

ML: Tengo más afinidad con la defensa de los derechos individuales, el libre comercio. En realidad, el liberalismo es una filosofía que transmite valores y también dentro de los liberales hay algunos matices. Algunos están de acuerdo en ciertas cuestiones que otros no. No somos una manada que todos pensamos igual, pero sí defendemos valores y los valores son el faro que guía el camino. Por eso, de alguna manera, todas las decisiones que se toman están basadas en principios y valores. Si esos mismos respetan los derechos a la vida, a la libertad y a la propiedad; todo lo que vaya en esa dirección yo estoy de acuerdo.

MLB: ¿Sentís que esas ideas pueden ser aplicadas en Uruguay?

ML: Bueno, yo creo que sí. De hecho, hay como una llegada de la ola liberal porque estamos muy influidos al estar tan cerca de Argentina. Se han conocido mucho más las ideas liberales debido al fenómeno Milei. Yo creo que Uruguay tiene una de las clases medias más anchas de América Latina, esto quiere decir que tiene mucha gente de trabajo y todos los que vivimos Uruguay —o la gran mayoría— la vivimos remando en dulce de leche, unos más u otros menos; pero el costo de vida es muy alto, los servicios son caros, el combustible. Todo es caro en Uruguay. Capaz que no todos lo asocian, pero se debe a que el estado gasta mucho y necesita financiarse, lo que hace a través de los impuestos. Los impuestos los pagamos todos, cada vez que compras algo los estás pagando también. Entonces eso hace que el poder adquisitivo de la gente sea menor; en cambio, si los impuestos fueran menores, el poder adquisitivo sería mayor. La gran mayoría se queja del costo de vida.

Yo pertenezco a la Asociación de Liberales del Uruguay, una asociación sin fines de lucro que lo que busca es difundir las ideas liberales, poner en la agenda y en la discusión sobre la situación del país la forma en la que se vive (está influenciado por las medidas que toma el gobierno). Hay países que han tenido problemas con el gasto público, con el déficit fiscal, con la inflación monetaria; pero han podido salir de ese tipo de problemas, como es el caso de Nueva Zelanda.

En el año 2000 vino a Uruguay la que era ministra de economía de ese país que, a fines de los 80 y principios de los 90, se realizaron ciertas reformas, las cuales le permitieron a Nueva Zelanda crecer y hoy en día tiene uno de los niveles de vida más altos del mundo. Este país tiene la misma superficie que Uruguay, tiene un poco más de población, pero su superficie es igual y es el principal exportador de lácteos en el mundo. Acá se dice que Uruguay es chiquito, que no podemos competir, que somos muy pocos. Entonces, lo que yo creo es que, a veces, se debe a un tema de mentalidad.

Y, siguiendo con el ejemplo anterior, cuando la ministra de economía visitó Uruguay se realizó un estudio acerca de la economía y el Uruguay en general. Cuando llegó al final de su informe, realizó una serie de propuestas, entre ellas bajar el gasto público, bajar los impuestos, mejorar la educación, mejorar la transparencia, entre otros. Pasaron más de 20 años y hay más impuestos, más regulaciones, menos transparencia y peor educación. Vino alguien a mostrar el camino de la prosperidad y Uruguay fue por otro camino.

Entonces podemos afirmar que estas ideas no son solo teorías, sino que hay países que han aplicado las ideas liberales y les ha ido bien. Irlanda en Europa era el país más pobre y, sin embrago, después de algunas décadas tiene el PIB per cápita más alto que el de Estados Unidos. Entonces, si en otros países que han hecho las cosas bien y les va bien, ¿por qué no probamos en hacer lo mismo acá?

Yo creo que si es posible aplicar las ideas, pero hay que hacer un trabajo de docencia, explicar y conectar con la gente, y que asocie los resultados de las políticas que se aplican. En ese sentido soy optimista y en esa lógica fue que se creó esta Asociación de Liberales del Uruguay.

MLB: ¿Por qué decidiste pertenecer a la ALU?

ML: El objetivo de la ALU es influir en la opinión pública. Los políticos son como corchos en el agua que se mueven hacia dónde va la corriente. Nosotros buscamos llevar la corriente hacia el lado liberal, queremos que haya una demanda de la sociedad y, como los políticos son cazadores de votos, se mueven hacia dónde va la opinión pública. El político que no sigue ese camino está perdido, para ganar elecciones necesitan que la gente los apoye. Entonces, el objetivo es influir en la opinión pública, poner en agenda algunos temas que no se tratan ni se hablan.

En la actualidad hay mucho consenso de que el estado se tiene que hacer cargo de esto y lo otro, mucha gente que dice que el estado tiene que asegurar derechos, pero no se pone en discusión de dónde salen los recursos. El estado no le da nada a nadie sin antes quitárselo a otro. Eso es lo que nosotros queremos poner en discusión y, de alguna manera, correr el eje del debate, tener una mirada más lejos con ideas que permitan cambiar temas de fondo para que mejoren y haya más prosperidad en la sociedad.

Por ejemplo, en la actualidad de Uruguay gobierna un gobierno de coalición que, cuando ganó, mucha gente tenía la esperanza de que haya un cambio, pero hay temas de fondo que no han cambiado. Producir en Uruguay es caro, hay muchas regulaciones e impuestos, a la gente se le hace muy difícil conseguir trabajo. Y esto no es de ahora de este gobierno. Ha cambiado el signo político pero las ideas de fondo no han cambiado, entonces, es un poco por eso también que nace la ALU.

MLB: ¿Para vos qué es necesario para que surja en Uruguay un Javier Milei o un movimiento político como lo es La Libertad Avanza?

ML: Lo de Javier Milei yo creo que es muy difícil, ya que creo que para que nazca un personaje de estas características debe haber un contexto. Argentina se encuentra en una situación crítica y Milei me parece que encarnó el descontento de la gente. Creo que mucha gente tenía ganas de decirles muchas cosas a los políticos que Milei sí se las dijo, entonces fue como un abanderado de esa insatisfacción de la gente.

En el caso uruguayo la situación es muy distinta; pero, cómo te decía antes, la gente lo vive, remarla en dulce de leche lo vive todos los días. Lo caro que está el costo de vida es algo que está pasando. De hecho, hay una movida para crear un partido libertario acá en Uruguay, el cual había surgido antes de Milei, pero ahora tomó más fuerza y con la idea de meterse dentro del sistema para cambiar las cosas dentro del mismo. Yo pienso que, en algún momento, va a surgir un movimiento con esas características; además, por eso mismo que te comentaba anteriormente: cambió el signo político y siguieron las mismas ideas de fondo. Entonces, la gente ve que pasan los años y los gobiernos, y aquellos temas que permiten que una sociedad prospere, no cambian; ahí es que surge ese movimiento de gente que no se siente representada.

MLB: ¿Sentís que Javier Milei y sus ideas generarán un impacto en la región?

ML: Yo creo que sí. Como te decía anteriormente, los resultados que logre Milei van a ser muy importantes para el efecto que pueda lograr. Si él logra estabilizar la economía, si logra bajar la inflación, si logra que Argentina crezca, va a ser un efecto muy fuerte en la región. No la tiene para nada fácil, debe atravesar una tormenta muy complicada y no va a ser algo rápido; pero igualmente causó un impacto a nivel mundial porque él fue al contrario del mundo te diría, porque está muy impuesto el llamado «estado de bienestar».

En todos lados el estado ha crecido y, en muchos países, se ha convertido en el «estado de malestar». Como viene a romper el molde de lo políticamente correcto, como viene a decir que la justicia social es injusta porque implica quitarle a uno el fruto de su trabajo y esfuerzo para dárselo a otro, genera un efecto importante. Pero, más allá de eso, yo creo que hay que demostrarlo con hechos y resultados, y depende de los resultados el efecto que pueda tener en la región. Porque si Argentina mejora su situación actual, que es muy compleja, la gente va a pedir que en sus países se implanten esas mismas ideas.

Comentario final

Quiero comenzar a escribir este comentario final afirmando que estuvimos ante una de las elecciones más apasionantes y, me atrevo a decir, una de las más importantes de la historia. Todos aquellos a los que nos interesa la política —la analizamos y la disfrutamos— vivimos una elección, sea del país que sea, increíble. Estuvimos frente a quizás la más recordada para muchos argentinos e incluso personas de la región y del mundo. No me quiero detener solo en Argentina, ya que considero que el fenómeno Javier Milei despertará las ideas de la libertad en algunos países de América Latina y el mundo.

Algo que observé durante toda la campaña electoral del líder libertario fue la cantidad de gente joven que lo estuvo acompañando todo su camino hasta llegar a la presidencia. Fue mucho esfuerzo por parte de la militancia el discutir ideas que no se escuchaban en el ámbito político, económico y social desde hace muchos años. ¿A quién se le ocurría eliminar el Banco Central? ¿Váuchers para la educación y la salud? Sin duda estas ideas han sido escritas y divulgadas por diferentes autores liberales, pero la discusión la estamos viviendo en nuestros días. ¿Eliminación de ministerios? Esto generó Javier Milei. Generó, como dice el profesor Alberto Benegas Lynch (h), un corrimiento del debate político. Entonces, esto tuvo un impacto muy grande para la sociedad. Lo tildaron de loco, pero al final terminó siendo el opositor más fuerte que tuvo el oficialismo kirchnerista. No era para nada fácil divulgar estas ideas y tratar de convencer a la gente.

Pero había una realidad que era la que estaba viviendo el pueblo argentino. Las políticas llevadas adelante por los diferentes gobiernos en los últimos años habían causado tal impacto en la sociedad que provocaron que aparezca un economista, un *outsider* y se metiera en la política. Javier Milei realizó cosas que no se habían visto antes y siguiendo con su línea ideológica y argumental: eran de sentido común, pero era algo impensado. Una de esas cosas es que cuando asumió la banca de diputados en el año 2021, sorteaba su sueldo de legislador entre las personas que se anotaban al mismo. Algo que era en realidad una locura, pero, justamente, Javier era muy crítico con los políticos y el gasto público tremendo que realizaban los gobiernos de los últimos años.

Por lo tanto, con ese aspecto que para nada define la elección, la gente vio algo positivo en él; estaba siendo coherente con lo que había planteado en su campaña y, al momento de los hechos, lo volvió a demostrar. El sistema político argentino estaba perdiendo confianza y, desde mi punto de vista, Milei llegó en el momento ideal para ser una alternativa a los gobiernos que ya habían tenido su oportunidad.

Como se ha mencionado a lo largo del libro y también en las entrevistas, el líder libertario fue ganando protagonismo dando la batalla cultural de las ideas en los medios de comunicación. Se lo veía como una persona muy eufórica al momento de discutir y en algunos puntos se lo notaba muy enojado. Por eso, sus oponentes en las elecciones buscaron quitarle votos dando una campaña diciendo que Javier Milei era peligroso o que estaba loco como para gobernar un país.

No obstante, la realidad es que ese tipo de afirmaciones o la «campaña de miedo» que realizaron por sus propuestas (que algunas ni estaban en su programa de gobierno), no pudo tapar el descontento que sentía la ciudadanía y veían en él una oportunidad única de cambio. Sin duda que hubo un voto bronca, sin duda que pesaron muchos los resultados del gobierno de Alberto y Cristina Fernández, pero las personas se fueron sintiendo a gusto con las ideas de Javier Milei, ya que el modelo que tenían enfrente, era el que se estaba llevando a cabo en el gobierno en ejercicio. La gente estudió, se informó y votó.

Saliendo un poco del proceso electoral y los resultados, como mencioné antes, generará un impacto en otros países de la región. En el libro, a través de las entrevistas, se buscó la manera de asociarlo al caso uruguayo y si esas ideas eran posibles aplicarlas en nuestro sistema. Sin duda que la voz ya se empezó a correr en nuestro país, muchos programas de televisión han invitado a liberales de Uruguay para definir su postura acerca de algunas cuestiones de la vida política, económica y social.

También, en este año 2023, se presentó ante la Corte Electoral el Partido Libertario del Uruguay. No digo que todo se deba al fenómeno Milei, hay muchas otras causas de estos fenómenos, pero este personaje generó que se discutan este tipo de aspectos debido a lo que llegó en política. En algunos casos, quizás por parte de dirigentes o militantes, sentían temor al presentar alguna idea de estas características, pero hoy en día ese miedo no está. Y Javier Milei es un ejemplo de ello. Fue contra el *statu quo*, dio el debate de ideas, fueron consideradas polémicas por mucha gente, se presentó a elecciones y terminó siendo presidente electo. Mucha gente de ahora en más comenzará a militar esas ideas con mayor profundidad y con más ganas que nunca.

Y con esto no me refiero a que Uruguay y Argentina son iguales en el debate político. Yo creo que Uruguay y Argentina tienen un sistema político y una calidad democrática por completo opuesta. Tendrán similitudes, pero me atrevo a decir que son más las diferencias. En Uruguay la calidad democrática entre los dirigentes, militantes y partidos políticos se cuida mucho, es una de las mejores de la región. El traspaso de mando siempre fue en buenos términos, siempre hubo momentos de diálogo entre oficialismo y oposición. Aunque con diferencias y coincidencias, siempre se trató de discutir fuerte las ideas, siempre cuidando las relaciones entre los dirigentes políticos, en lo principal porque, si los dirigentes no dan el ejemplo, no pueden esperar otra cosa que entre militantes de diferentes partidos tengan cruces graves.

Esto sucede, creo yo, en el caso argentino. Los dirigentes no han dado el ejemplo de una positiva calidad democrática. Como ya mencioné en el correr del libro, esta elección fue muy fuerte entre los diferentes candidatos, se acusaron de cosas graves y tuvieron discusiones en muchos casos subidas de tono. Y, justo uno de los ejemplos que yo mencionaba, Cristina Fernández no le entregó el mando a Mauricio Macri en el año 2015. En el congreso ha habido discusiones en las cuales se van insultando o mismo se faltan el respeto unos a otros. Entonces, teniendo estos antecedentes. ¿Cómo esperan que la gente, los militantes, en particular, tengan actos positivos con los opositores si sus propios dirigentes no dan el ejemplo? Por eso ocurren las cosas que ocurrieron en esta campaña electoral, en la que se robaron boletas de los cuartos oscuros, en las calles se insultaban y en algunos casos se golpeaban, con agresiones vía redes sociales, entre otras actitudes negativas que se observaron a lo largo del período.

No quería pasar por alto el rol importante que ocuparon las redes sociales en esta campaña electoral. Sin duda estamos en un mundo por completo globalizado, en el cual la información se difunde en cuestión de segundos y llega a todas partes. La militancia política hoy se enfoca además en subir contenidos de manera constante con el fin de captar la mayor cantidad de visualizaciones posibles. Hoy en día los candidatos y las fuerzas políticas buscan invertir en publicidad, sobre todo en redes sociales, saben que es ahí donde se encuentra hoy la mayoría de la gente. Estamos siempre rodeados de información a través del internet y las redes.

Teniendo en cuenta esto, hay un dato para nada menor que me sorprendió demasiado. Según datos publicados en el canal de televisión argentino llamado *Todo Noticias*, Javier Milei no gastó ni un peso en la campaña electoral en lo que se refiere a internet y redes sociales, algo impensado. Fue la militancia joven que difundió las ideas, las críticas a este gobierno con el fin de captar más la atención de los demás votantes que quizás no estaban muy informados o desinteresados del mundo político. Esto es algo increíble, que en pleno 2023, en una campaña electoral, quien haya sido elegido presidente no haya tenido gastos de publicidad en internet, algo de verdad impensado.

En este sentido, se destaca muy fuerte la militancia política, en particular los jóvenes que son en mayor medida quienes utilizan estos medios de comunicación e información. Por otro lado, el candidato oficialista Sergio Massa fue el candidato que más gastó haciendo campaña en redes sociales, unos $74 millones que equivalen a un gasto de $2,4 millones por día. En este sentido, se valora más el triunfo de Javier Milei, ya que desde la primera vuelta hasta el balotaje su contrincante fue el candidato que más gasto realizó en redes sociales y, aun así, le ganó.

Estamos frente al presente y futuro de las campañas electorales. En su mayoría, las veremos con más frecuencia en redes sociales y publicidades digitales. Sin duda que la cartelería y los pasacalles seguirán siendo parte de la militancia política, pero en mayor medida la veremos en los medios que acabo de mencionar. Hoy en día la información está ahí, en la red social que más te gusta siempre habrá en épocas de campaña electoral mucha publicidad y publicaciones acerca de ideas y propuestas. Mismo se arman debates y la gente se va informando por ese tipo de instancias, como es el caso de los videos en vivo que se suben a Twitter, Instagram, YouTube, entre otros.

De esta manera no solo la gente se informa, sino que de alguna u otra forma están participando de una campaña electoral. Es un método de atraer más electores. Los políticos saben que, para tener éxito en una campaña electoral hoy, es por completo necesario contar con la generación de contenidos en redes sociales: la mayoría del electorado sin duda que se encuentra ahí, incluso a los que no les interesa la política, pero las publicidades se ven de igual manera.

Por este motivo en particular, yo creo que Javier Milei tuvo éxito en su campaña electoral. No solo por las cuestiones que mencioné antes, sino por la participación política que generan las redes sociales. Hoy en día, a través de un celular se puede publicar cualquier tipo de información en cuestión de segundos. Y el presidente electo de los argentinos se rodeó de jóvenes que utilizaron las redes para hacer campaña política, agregando además la militancia en las calles, de repartir boletas y la cartelería que pueda haber.

Algo que sin duda amplió las posibilidades de Javier Milei para llegar a la presidencia de la república fue el mal manejo de Juntos por el Cambio al momento de ser gobierno de la mano de Mauricio Macri, lo que generó la vuelta del kirchnerismo al poder de la mano de Alberto y Cristina Fernández. Esta última fórmula empeoró los resultados negativos que había tenido la administración de Mauricio Macri y su equipo de gobierno. Por lo tanto, la ciudadanía al principio tenía esas dos opciones: seguir por el mismo camino del kirchnerismo o darle una oportunidad más a la fuerza opositora más fuerte hasta ese momento que era Juntos por el Cambio.

Sin embargo, se encontraron con la aparición de Javier Milei, con un discurso contra la casta política, criticando a ambos sectores que habían gobernado la Argentina durante los últimos años. La ciudadanía se encontró con un personaje que planteó un cambio tremendo en lo que es el estado y lo social. Y así fue como La Libertad Avanza amplió la oferta electoral y fue una posibilidad más de elección para los electores, tanto así que de a poco fue captando cada vez más la atención de los votantes.

¿Por qué digo de a poco? Porque cuando Javier Milei se presentó como candidato a diputado por la Ciudad Autónoma de Buenos Aires, su espacio logró el 17 % de los sufragios para diputados nacionales, siendo elegidos Javier Milei y quién fue su compañera de fórmula y hoy vicepresidenta electa, Victoria Villarruel. En ese entonces, se convirtieron en la tercera fuerza política, por debajo de Juntos por el Cambio y el Frente de Todos (hoy Unión por la Patria). Las elecciones que le siguieron fueron las presidenciales PASO que se celebraron el 13 de agosto de 2023, donde Javier Milei y su fuerza política fueron los más votados con 30,04 %.

Solo contando esos resultados en tan solo esos dos años, vemos el crecimiento y el apoyo popular que obtuvo el hoy presidente electo. Cabe destacar que La Libertad Avanza nació el mismo año de las elecciones legislativas. Uno de los aspectos que considero importantes para el crecimiento que tuvo Javier Milei, primero, fue que nunca había gobernado, por lo tanto, era el momento para ser el elegido y la gente confió en un cambio diferente al que ofreció Juntos por el Cambio para las elecciones de 2015.

Una de las críticas que tuvo Milei fue que él atacaba mucho a la casta política y les trataba de corruptos, por lo que la gente se preguntaba por qué se metía en la política. Entonces, Milei dio un anuncio que sería impensado para el sistema, que sortearía su sueldo de diputado nacional a todas aquellas que se anotaran al mismo. Algo que de verdad era por completo distinto a lo que venía viendo la Argentina, donde sus legisladores y políticos tienen sueldos altísimos y la gente no pasaba por un buen momento debido a la inflación y, de la mano con esto, pérdida del poder adquisitivo, desempleo, pobreza, entre otros.

¿Milei podrá mejorar la situación crítica de Argentina? Es claro que eso se verá en la marcha a partir del 10 de diciembre de este año, cuando asuma de manera oficial la presidencia de la nación, lo que está claro es que no lo podrá hacer de un momento para otro, debido a que Argentina está viviendo una de sus peores crisis de la historia. Los cambios que plantea Milei son muy importantes y van a ser discutidos en el Congreso; ahí necesitará de los votos necesarios para poder llevar a cabo las reformas que busca realizar. Para eso requerirá los votos de las otras fuerzas políticas, que se verá si acompañan las propuestas o no.

Hay un dato que no me parece para nada menor y es la desconfianza del pueblo argentino para con el sistema político y los partidos tradicionales —Javier Milei también ganó por eso y hay que destacarlo—, pero además de ese notorio descontento por parte de la ciudadanía, creo yo que Milei está ante un momento único. ¿Qué pasaría si Milei no pudiera llevar adelante todas las propuestas que plantea? ¿Qué pasa si la situación actual que vive Argentina no se puede mejorar en su período?

Si sucede eso, creo que Argentina estará, además de en un momento crítico social, en una situación crítica del sistema político, más de lo que está hoy en día, porque las tres principales fuerzas políticas ya tendrían la oportunidad de haber gobernado y la situación seguiría siendo difícil. Entonces, ahí, los ciudadanos se verán de cara a las elecciones y será muy difícil elegir a un nuevo presidente. Quizás se presentaría otra fuerza como lo hizo La Libertad Avanza. Pero todo esto que estoy analizando se observará durante los años que siguen y los resultados que obtenga el país bajo la presidencia de Javier Milei. Lo que busqué con esto es destacar el descontento que podría llegar a tener los electores en tal escenario, más desconfianza de la que tienen hoy en día en los partidos tradicionales.

Hoy, 5 de diciembre de 2023, termino de escribir este libro. Siento que el título del material no podía ser de otra manera. Por increíble que parezca, fue escrito antes de que Javier Milei llegara a la presidencia. Como lo fue en las PASO, fue y es la esperanza para Argentina de los próximos años. La gente depositó en las urnas la confianza en el líder libertario.

Quiero agradecer a cada uno de los entrevistados que, con todas sus ideas y comentarios, hicieron fuerte a este libro; a Martín, Alberto, Fernando y Adolfo. Agradecerles por la disposición y por siempre estar para dar una mano en este camino.

Bibliografía

Benegas Lynch (h), Alberto. *¿Empresas Estatales?* Columna publicada en *El País* de Montevideo el 21 de octubre de 2023.

Benegas Lynch (h), Alberto. *Optimismo Argentino.* Columna publicada en *El País* de Montevideo el 4 de noviembre de 2023.

Milei, Javier. *El camino del libertario.* Planeta, Buenos Aires, 2022.

Rizzi, Mauro V. *En un año, unas 20.000 empresas cerraron sus puertas.* Columna publicada en *La Nación de Buenos Aires* el 25 de julio de 2021. *https://www.lanacion.com.ar/economia/en-un-ano-unas-20000-empresas-cerraron-sus-puertas-nid25072021/*

www.ingramcontent.com/pod-product-compliance
Lightning Source LLC
LaVergne TN
LVHW091726190726
843493LV00001B/463